ラオス
進出・展開・撤退の実務

投資・労働法務、会計税務

弁護士法人One Asia 編／藪本雄登 編著

内野里美・村上暢昭・伊奈知芳・松本久美・佐野和樹・栗田哲郎 著

同文舘出版

はしがき

　本書は、ラオス進出・展開に関心がある企業法務、税務担当者や中小企業の経営者、幹部等を対象として、そのような方々に手元において使ってもらえるような、ラオス進出・展開の実務バイブルとなることを目指して、執筆されたものです。

　これまでに既にアセアン諸国に展開していた企業はもちろんのこと、近年は、アセアン諸国との関係のなかった国内企業や中小企業も国際競争にさらされるようになり、また国内市場が縮小する中で、アセアン新興国への進出を検討する必要性も増えてきていると感じています。そのような状況の中で、ラオスという国が少しでもアセアン進出検討先の一つとして、選択肢に入ればと思い、執筆に至りました。

　ラオスは、安価な人件費、安定した政治、親日的な国民性、様々な投資優遇策があることから、新たな投資先として注目されています。「アセアンのバッテリー」と呼ばれるように、メコン河とその支流の豊富な水力を利用した発電事業を行っており、タイを中心として近隣諸国に電力を供給しています。

　ラオスの政治は、一党指導型の政治体制の下、一貫性が保たれており、安定していると言えます。また、タイに比べて、人件費が3分の1程度であること、ラオス語とタイ語の言語的類似性から、タイ人管理者に指導や管理を任せられるというメリットもあります。

　日本からの直接投資は、ラオス全体の直接投資からみると数パーセント程度となっていますが、近年は在タイ日系企業のラオス進出、「タイプラ

スワン」進出が徐々に増加しています。これは、タイの2011年の洪水被害、2013年から2014年の反政府デモなど、タイ政治経済の不安定さがラオスへの事業進出の一因となっています。

ラオスの製造業については、今まではほとんど縫製・製靴業のみでしたが、日系企業の進出により電子部品、自動車部品などの業種での投資が始まり、ラオスの産業の多角化と輸出先多様化に貢献しています。進出企業の増加に伴い、経済特区、建設業、物流企業の進出やコンサルティング会社、飲食店等のサービス業などの企業も増加しています。

本書は、ラオス現地にて活動している法律専門家を中心として、執筆されたものであり、本書が多くの読者の方に役立つものであることを執筆者一同、心から祈っております。

ラオスの法制度について、詳細な情報を著作物として提供するのは、日本国内でも初めての試みとなるかと思います。読者の皆様の厳しいご指摘を受けながら、より有用な著作物となるように努力して参ります。皆様のご指導、ご鞭撻を賜りたくお願い申し上げます。

最後に、今回出版にあたって、快く応じて頂いた同文舘出版の方々には、日常業務の合間をぬっての執筆作業のせいで何度もスケジュール変更をお願いし、ご迷惑をおかけいたしました。執筆者達を辛抱強く励まし、また校正では一切手を抜かずに、最後の仕上げまでご協力頂きました編集者の大関様、同文舘出版の皆様には大変お世話になりました。

この紙上を借りてお詫び申し上げるとともに、出版までのご協力に心より御礼を申し上げます。

2017年4月

弁護士法人 One Asia　ラオス事務所

藪本　雄登

ラオス進出・展開・撤退の実務●もくじ

ラオスの概要

第1節　ラオスの基礎情報 ―――――――――――― 2

1　正式国名　*2*
2　人口　*2*
3　気候　*4*
4　地理　*4*
5　歴史　*5*
6　言語　*8*
7　民族　*9*
8　国民性　*9*
9　宗教　*10*
10　教育　*10*
11　日本とのつながり　*11*
12　通貨　*11*

第2節　ラオスの経済概況 ―――――――――――― 12

1　経済概観　*12*
2　産業構造　*13*
3　直接投資動向　*14*
4　経済協力　*14*

iii

第2章 ラオスの進出法務

第1節 外資規制に関する実務 ——————— 18

1 外資規制に関する法律の概要 　18
2 外資規制の緩和 　19
　コラム①　ショッピングセンター・百貨店に対する規制緩和 　19
3 禁止業種 　21
4 規制事業 　22
5 ラオスでの条件付き外国投資分野 　25
6 ラオス国籍者のみに保全される事業 　28
　コラム②　コンサルティング業務について 　29

第2節 投資形態、進出形態の選択 ——————— 30

1 外国投資に関する投資形態 　30
2 進出形態 　36

第3節 現地拠点の設立実務 ——————— 41

1 商号確認および予約手続き 　43
2 企業登録申請および税務登録申請 　43
3 事業ライセンスの申請 　44
4 社印作成申請 　45
　コラム③　社印に関する規制について 　45
5 資本金証明 　46

第4節 投資優遇措置 ——————— 48

1　投資奨励優遇　*48*

　　2　関税および付加価値税に関する優遇　*52*

　　3　その他優遇措置　*53*

第5節　経済特別区（SEZ） ─────────── *55*

　　1　経済特別区の概要　*55*

　　2　SEZにおける優遇措置　*57*

　　　コラム④　ラオスの経済特区法　*61*

第3章　ラオスの会社法・コーポレート・ガバナンス

第1節　会社法務 ─────────────── *64*

　　1　会社法に関する法制の概要　*64*

　　2　株式　*64*

　　3　配当、資本準備金　*66*

　　4　機関　*66*

　　Q&A①　定時株主総会の開催義務について　*67*

　　Q&A②　株主総会の出席数について　*69*

　　Q&A③　議事録の当局への提出要否について　*71*

第2節　汚職防止法務の概要 ───────────── *74*

　　1　汚職の状況・汚職防止/反汚職政策の実施状況　*74*

　　2　汚職防止法および関連規制　*74*

　　3　汚職防止法　*75*

　　4　刑法について　*78*

　　5　今後の汚職防止への取り組み　*80*

6　慣習　*80*

第3節　撤退法務の概要 ─── *82*

　　1　会社法上の解散手続き　*83*
　　2　破産手続き　*83*

第4章　ラオスの労働法務

第1節　ラオスの労働関連規制 ─── *86*

　　1　労働に関する法制度の概要　*86*
　　2　雇用契約　*88*
　　　コラム⑤　臨時スタッフの採用　*89*
　　3　雇用の終了　*90*
　　4　最低賃金に関する規定　*93*
　　　Q&A④　キープの使用義務　*94*
　　5　労働時間に関する規定　*95*
　　　コラム⑥　管理職に対する残業代　*96*
　　　Q&A⑤　6時から8時までの時間外労働について　*98*
　　6　休暇に関する規定　*99*
　　　Q&A⑥　有給休暇の繰越について　*100*
　　　コラム⑦　3日以上の個人休暇の取り扱い　*102*
　　7　労働組合、労働者代表に関する規定　*103*
　　8　就業規則に関する規定　*104*
　　9　社会保険制度に関する規定　*105*
　　　コラム⑧　社会保険料上限額、下限額の改正　*106*
　　10　労働争議および労働仲裁に関する規定　*107*

第2節　外国人労働者の就業に関する規制 ———— 109

1. 外国人労働者の受入れ　*109*
2. 外国人労働者の割合規制　*109*
3. 外国人労働許可およびビザの取得手続き　*110*

　コラム⑨　投資家のワークパーミット　*112*

4. 査証（ビザ）申請手続き　*112*

　コラム⑩　タイ・ラオス間の陸路入国回数の制限　*116*

第5章　ラオスの税務

第1節　税制概要 ———— *120*

第2節　法人税 ———— *121*

1. 法人税の概要　*121*
2. 課税期間　*121*
3. 外貨建て取引　*121*

　Q&A⑦　非居住法人の税務登録制度（TTPMC）　*122*

4. 益金、損金　*124*
5. 法人税の申告、納税手続き　*126*

第3節　源泉徴収税 ———— *128*

第4節　給与所得税 ———— *129*

1. 給与所得税の概要　*129*
2. 納税主体　*129*

vii

3　課税所得　　*129*
　　4　給与所得税の計算と申告納付　　*130*

第5節　付加価値税 ——————————————— *132*

　　1　付加価値税の概要　　*132*
　　2　納税義務者　　*132*
　　3　税率と非課税取引　　*133*
　　　Q&A⑧　コンセッション契約におけるVATの取扱　　*135*
　　4　納付額の計算、申告納付手続き　　*136*
　　5　VAT非登録業者、非居住者に対するサービス料支払い　　*141*
　　6　還付手続き　　*141*
　　7　タックスインボイス　　*141*

第6節　その他税 ——————————————— *144*

　　1　物品税　　*144*
　　2　環境税　　*144*
　　3　手数料・行政サービス費用　　*145*

第7節　税務調査 ——————————————— *146*

第8節　罰則規定 ——————————————— *147*

　　1　延滞　　*147*
　　2　過少申告、適切なインボイスの不発行　　*147*
　　3　無申告、税務調査の拒否など　　*147*

第9節　会計実務 ——————————————— *149*

　　1　会計期間　　*149*

- 2 会計帳簿 *150*
- 3 会計ソフト *150*
- 4 会計書類の提出 *150*

第6章 ラオスのその他進出法務

第1節 不動産法務 —————————————— *152*

- 1 土地に関する法制 *152*
- 2 土地に関する権利 *153*
- 3 土地の分類 *154*
- 4 土地管理・登録 *157*
- コラム⑪ ラオスの公証手続き *162*
- 5 土地に関する紛争解決 *164*

第2節 知的財産法務 —————————————— *165*

- 1 知的財産権に関する法制度 *165*
- 2 商標権 *167*
- 3 著作権 *169*
- 4 特許権 *171*
- コラム⑫ 日本－ラオス間の特許無審査特例制度について *173*

第3節 環境規制 —————————————— *174*

- 1 環境規制概要 *174*
- 2 大気汚染規制 *174*
- 3 水質、排水規制 *175*
- 4 廃棄物処理規制 *177*

5　騒音規制　*178*
　　6　土壌の環境基準　*180*
　　7　環境影響評価（EIA）　*182*

第4節　金融関連規制　——————————　*187*

　　1　外国為替管理制度の概要　*187*
　　2　貿易取引　*187*
　　3　貿易外取引　*188*
　　4　資本取引　*188*
　　5　送金規制、外貨の持込・持ち出し　*189*
　　　　Q&A⑨　登録資本金の送金について　*190*
　　6　資金調達　*191*

第5節　紛争解決制度　——————————　*193*

　　1　裁判制度　*193*
　　2　調停・仲裁制度　*198*

補章　ラオスの進出事例

事例1　ラオ西松建設　——————————　*204*

　　1　会社概要（LAO NISHIMATSU CONSTRUCTION CO., LTD）　*204*
　　2　インタビュー　*204*

事例2　Nissei Mizuki Co.,Ltd　——————————　*209*

　　1　会社概要（KP Nissei - Mizuki（Lao）Co., Ltd）　*209*
　　2　インタビュー　*209*

第1章

ラオスの概要

第1節 ラオスの基礎情報

図表1-1 ラオスの概要

正式国名	ラオス人民民主共和国（Lao People's Democratic Republic）
人口	649.2万人（2015年、ラオス統計院）
国土面積	23万6千800平方キロメートル
首都	ヴィエンチャン（人口82万人、ラオス統計院）
時差	日本とは－2時間の時差
民族	ラオ族が50%以上、その他少数民族
言語	ラオス語
宗教	仏教（南方上座部仏教、約90%）
通貨	キープ（Kip）
在留邦人	734人（2016年、外務省）

1 正式国名

　ラオス人民民主共和国（Lao People's Democratic Republic、以下「ラオス」）の国旗は、青いメコン河に映る満月をモチーフとしています。独立闘争によって、人々が流した血を表す赤色が上下を覆っており、青は繁栄、白い丸は国民統合を象徴しています。政治体制は、ラオス人民革命党による一党指導・民主集中制を敷く社会主義国家です。

2 人口

　ラオスの総人口は約650万人（2015年）で、首都ヴィエンチャン（以下、「ヴィエンチャン市」）は約82万人（2015年）を有しています。全人口の12％がヴィエンチャン市に住んでいることになります。ラオス全体でみると、

人口密度は27人/km²と非常に低く、日本の本州ほどの面積に千葉県の人口程度しか住んでいないことになります。近年ラオスでも都市化が進んでおり、都市人口率が2030年には45％に増加、ヴィエンチャン市も人口が約140万人になることが予測されています。

年齢別人口構成をみると、生産年齢である15～64歳の人口が60％、これから労働市場に参入してくる0～14歳が37.4％であり、人口の3分の1を占めます。平均年齢は21.6歳で、ASEAN諸国の中では、最も低くなっています。

平均寿命は男性66歳、女性70歳とASEAN諸国の中では最下位にあります。これらの数値は、新生児死亡率および乳幼児死亡率に影響されるため、近隣諸国に比べて保健医療事情が良好ではなく、平均寿命が延びない要因の1つとなっています。

図表1-2　人口ピラミッド

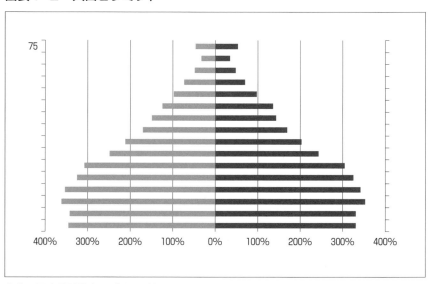

出典：国家統計院ウェブページより

3　気候

　ラオスの気候は熱帯サバナ気候帯に属し、季節は大きく乾季と雨季に分けられます。乾季は11月から5月まで、雨季は6月から10月までです。年間を通して高温ですが、12月から2月までは、ヴィエンチャンでも厚手の長袖が必要なほど気温が下がる日もあります。最も暑い月は4月で日中は40度を超える日もあり、酷暑となる日が続きます。ヴィエンチャン市の最高気温の平均は32度、最低気温の平均は23度となっています。

4　地理

　ヤシの木のような形をしたラオスはインドシナ半島の中央に位置する東南アジア唯一の内陸国です。日本の本州よりやや広い面積（23万6,800㎢）を持ち、2014年の国家統計院の統計によると、1首都、17県、148郡、8,507村から構成されています。ヒマラヤ山脈にその源流を発するメコン河の全長は4,800kmで1,865kmがラオスを貫流しています。そのうち西側の約1,500kmはタイ、北西部はミャンマーと自然の国境を形成しています。南部カンボジアとの国境は、世界最大級の河幅をもつコーンパペーン（コーンの滝群）の瀑布が立ちはだかり、人や物の行く手を阻んでいます。ここはラオスとカンボジアの民族的、文化的分岐点となっています。

　ラオスは国土の7割が山岳地帯となっており、北部は近年、焼畑耕作の減少で森林が回復する一方で、南部は商品作物（ゴム、キャッサバ、コーヒー、サトウキビ）の大規模栽培で開発が進んでいます。森林被覆率は40.3％となっており、政府の「Forestry Strategy to the 2020（森林戦略2020）」のもと、2020年までに70％まで回復させる計画を策定しています。ラオスの最高峰は北部シェンクワン県にあるプー・ビア（ビア山：2817m）です。

図表1-3　ラオスとメコン河流域

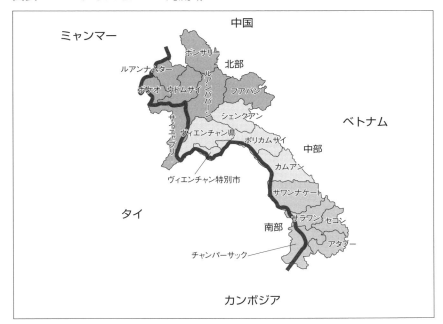

出典：「ラオスの投資環境2014」国際協力銀行

5　歴史

　現在のヴィエンチャン市内を中心に迎賓館から凱旋門まで一直線に伸びる大通りはラーンサーン通りと呼ばれています。ラーンサーンとは「百万頭の象」を意味し、かつて、ラオスの地で栄華を誇った王国の名前でもあります。その他に、メコン河に並行するように、ファーグム通り、セタティラート通り、サームセーンタイ通りがあり、いずれも同王国時代に活躍した王様の名前が付けられています。ここでは、ラーンサーン王国時代からラオス人民民主共和国設立までの時代背景について説明します。

（1）ラーンサーン王国時代（1353年～1779年）

　1353年にファーグム王がラーンサーン王国をシェントーン（現在のラオス北部ルアンパバーン）に建国しました。ラーオ族による初めての統一国家であり、国王の妻がクメール帝国の王女であったことから、上座部仏教がクメール帝国から渡来し、ルアンパバーンの地で普及しました。ラーンサーン王国時代は、仏教は国教として代々の王に篤く保護されました。

　1374年ウン・ムアン王（ファーグム王の長男）の時代に初めて人口調査を行ったといわれています。30万（サームセーン）人の自由民（タイ）人口であったことにちなみ、ウン・ムアン王はサームセーンタイ王の名前で呼ばれ親しまれていました。1550年セタティラート王が即位し、ビルマからの攻撃に備えるため、1560年にシェントーンからヴィエンチャンへ遷都しました。1566年ごろ、仏教全盛期を迎え、同国王がヴィエンチャンにラオスを代表する仏塔、タートルアン（大きな塔の意）を建立し、ラーオ族固有の文化が開花しました。

　1707年内紛によりラーンサーン王国がヴィエンチャン王国とルアンパバーン王国に分裂、ヴィエンチャン王国からさらにチャムパーサック王国が分裂して三国分裂時代に入りました。分裂した三王国はシャム（タイ）とビルマの勢力争いに翻弄され、1779年にはいずれもシャムの支配下（トンブリー王朝）に置かれました。1828年ヴィエンチャン王国のアヌ王が獄死し、ヴィエンチャン王国は滅びました。

（2）仏領インドシナ（1893年～1945年）

　1880年代に入ると、イギリスと競って領土争いをしていたフランスがインドシナ地域に関心を寄せるようになり、ベトナム、カンボジアを植民地としました。1893年シャム・仏条約に基づき、フランスはメコン河東岸の三王国の大部分につき宗主権を獲得し、19世紀後半まで仏領インドシナ連邦として統治しました。このときに、フランスは現在のラオスの国土をラ

オ族（Lao）の複数形であるラオス（Laos）と名付けました。

　第二次世界大戦が勃発し、弱体化したフランスに対して日本軍はインドシナ三国に独立を宣言させました。しかしながら、1945年に日本が降伏するとフランスはラオスを再び植民地化しました。その後、ラオスはフランスとの交渉によって独立を得ようとする右派（王国政府）と徹底抗戦によって独立を勝ち取ろうとする左派とに分裂しました。フランスとの戦いに敗れた左派はタイへ亡命し、亡命政府の一部はベトミン、インドシナ共産党に触発され、1950年に「ラオス自由戦線」を組織し、反仏闘争を続けました。一方、ラオス王国（ルアンパバーン王国とチャムパーサック王国の統合）は1949年にフランス連合国内での独立が与えられました。

（3）内戦時代（1953年～1975年）

　1953年フランスが外交権、軍事権を含むすべての権限をラオス王国に移譲することによって、ラオス王国の完全独立が達成されました。長年に渡るフランスのラオス侵略に終止符が打たれました。

　その後、1955年にインドシナ共産党員であったカイソーン・ポムウィハーンらによってラオス人民党（後にラオス人民革命党へ改称）が結成され、翌年には「ラオス愛国戦線（ラオス自由戦線から改称）」の組織が生まれ、王国政府（右派）との長期の内戦状態に陥りました。アメリカが右派を支援したことで、ラオスは必然的にベトナム戦争に巻き込まれていきました。ラオス南東部のジャングルには北ベトナムから南ベトナムへの軍事物資供給路、いわゆる「ホーチミンルート」の一部が走っており、アメリカ軍はそれを断絶するために、爆撃を開始しました。その結果、1人あたり1トン以上の激しい爆撃があったといわれ（当時の人口は約300万人、アメリカが落とした爆弾は約300万トン）、その3割が不発弾としてラオスの地中に今なお残っているといわれています。1964年から2012年の約半世紀の間に約5万人のラオス人が不発弾の犠牲になっています。ラオスからすべて

の不発弾を処理するには、今後100年、200年かかるともいわれ、未だその脅威と隣り合わせで生活している人たちが多くいるのが現状です。

（4）ラオス人民民主共和国の設立

　1960年代末になるとラオス愛国戦線が優勢となり、1973年にラオス和平協定が調印され、右派は弱体化していきました。1975年12月2日、全国人民代表者大会が開催され、600年続いた王政の廃止と共和国への移行が決定されました。国王が退位し、ラオス人民民主共和国の設立が宣言され、カイソーン・ポムウィハーンが初代最高指導者（首相）として就任しました。ラオスでは「建国の父」と呼ばれ、2,000キープ以上の紙幣には彼の肖像が描かれています。

　1945年ラオス独立を求める動きが表面化してから、1975年ラオス人民民主共和国の成立に至る30年の歴史は、ラオスでは「闘争の歴史」として語られています。

6　言語

　ラオス国内で最も話されている言語はラオス語（ラオ語）です。憲法（2015年改正）第110条には「ラオス語、ラオス文字は公式に使用される言語、文字である」とラオス語が公用語であることが述べられています。ラオスとメコン河を挟んで対岸にあたるタイの東北部イサーン地方で話されている言葉はラオス語に非常に近い言語です。タイ語とラオス語とは同じ言語系統であるため、声調だけが異なる単語が多くあります。タイの若者文化やテレビ番組の流入により、ラオス語の声調に変化が表れています。ラオス語は表音文字であるため、声調が変われば表記方法も変わり、ラオス語は変化し続けています。

7　民族

　これまでラオスでは、居住地の高度によって、民族を分類し、低地に住む民族をラオ・ルム、山腹に住む民族をラオ・トゥン、高地や山頂に住む民族をラオ・スーンと呼んでいました。しかしながら、民族数や民族呼称に関する問題もあり、2008年の第6期国民会議において、ラオス民族の呼称に関する提案（2008年11月24日付第213/SPS）が可決されました。同合意によれば、ラオス国民は4つの語族（ラオ・タイ、モン・クメール、モン・ミエン、シナ・チベット）によって分類され、49民族によって構成されるとあります。これまで使用されていた居住地の高度に基づく呼称は、廃止されました。しかしながら、3民族の概念はすでにラオス人の社会の中に浸透しており、1,000キープ紙幣にも描かれています。

　人口の半分を占める民族はラーオ族です。49民族のうち、半分以上の32民族が属するモン・クメール語族はラオスの先住民と考えられています。北方から移住してきたラーオ族が低地に定住し稲作を始めたため、焼畑民の先住民は山腹へ追いやられてしまったといわれています。

8　国民性

　「稲を植えるのがベトナム人、稲が育つのを眺めるのがカンボジア人、そして稲が育つ音を聞いているのがラオス人」フランス統治下時代、フランス人はインドシナ三国の国民性の違いをこのように表現しています。

　同じ社会主義国のベトナム人は「明日の百より今日の五十」という価値観が非常に強い民族といわれていますが、ラオス人も同様に不確かな将来には期待しない傾向にあります。ただ、「今日の五十」を得るためにどれだけの努力を惜しまないか、ということになるとフランス人が揶揄したような国民性の違いが顕著に表れるようです。

一般的には、ラオス人はおとなしく争いごとを好まない国民性といわれています。

9 宗教

人口の3分の2が仏教徒（上座部仏教）ですが、仏教は国教ではありません。上座部仏教においては、自己救済を本義としていますが、「功徳を積む」喜捨が実践の中心となっています。出家はその中でも最上の行いとみなされています。女性は出家をすることができないため、毎朝托鉢することにより功徳を積み、来世でのよりよき再生を願います。

仏教を信仰している人たちの中でも浸透している信仰として、精霊信仰があげられます。山や森の中に多くの精霊が宿っていると信じられています。特に「ピー」は霊的なものの総称としてとらえられており、ラオス人の生活の中にその存在を垣間見ることができます。

10 教育

現在の教育システムは、初等教育5年間、前期中等教育4年間（中学校）、後期中等教育3年間（高校）および高等教育2～7年間となっています。旧教育法には義務教育は初等教育までとなっていましたが、2015年に教育法が改定され、義務教育は前期中等教育までとなっています（同法第28条）。初等教育の就学率は2014年では98％に達しており、就学率は高いことがわかります。しかしながら、5年制ではない不完全な小学校が多く存在する地方では特に、修了率が低い状況にあります。5年間の教育を修了できない子供たちが多くいることが、修了率が低い要因としてあげられます。毎年1万人の子供たちが小学校を中退しているという統計もあります。

一方で首都ヴィエンチャンにおいては、小学校からインターナショナルスクールに通わせるような裕福なラオス人の家庭も多くなっています。

11　日本とのつながり

　日本とラオスは1955年に外交を樹立し、2015年はちょうど60周年を迎えました。ラオスは、1965年に青年海外協力隊の第一陣が派遣された国です。日本はインフラ整備をはじめ、教育、医療保健、農業、人材育成、社会基盤整備等多くの分野においてラオスを援助してきました。空の玄関口ワッタイ国際空港は2000年に日本の無償資金協力で改修工事が行われました。また、ワッタイ国際空港から市内を通り抜け、タイとの国境にある陸の玄関口である友好橋へ通じている国道１号線も日本の援助で改修工事が行われました。そして、同じ年にはラオス南部で最大の人口を有する街、パクセー市とタイとの間にラオス－日本大橋が架けられ、タイからのアクセスが飛躍的に向上し、パクセー周辺の経済の活性化につながっています。ラオスの１万キープ紙幣に同橋梁がデザインされています。

12　通貨

　ラオスの通貨はキープ（Kip）といいます。10万キープ紙幣（2017年３月現在）が一番高額な紙幣となっており、硬貨はありません。市場では、キープ以外に米ドル、タイバーツも流通していますが、2014年12月22日付外貨管理法の第10条において、政府からの承認がない限り、ラオスで使用する通貨は原則キープとし、商品や広告内の表示においても、キープで記載することと定められています。

　両替レートは１米ドル＝約8,200キープ（2017年３月現在）前後を変動しています。

第2節 ラオスの経済概況

1 経済概観

　1975年社会主義政権樹立後、ベトナム、ソ連、東欧諸国の援助を背景として農業の集団化、企業の国有化等の社会主義政策を推し進めました。しかしながら、1985年ごろからソ連の経済情勢が大きく傾きだしたのをきっかけに、1986年に「新思考（チンタナカーン・マイ）」と呼ばれる経済開放化政策を打ち出しました。すなわち、一党独裁を堅持しながらも、国営企業の民営化、外国貿易の自由化を含む新経済メカニズムを導入し、政経分離主義を掲げるようになりました。

　ラオス経済は、1980年代末に実施された価格自由化に伴う激しいインフレが収まり、全方位外交・対外開放政策が功を奏し始めた1994年から1996年に、実質GDP成長率は7％と急拡大を遂げました。

　1997年7月に念願のASEANの加盟を果たしましたが、同時に発生したアジア通貨危機のため、対ドル為替レートだけでなく、対バーツでも大幅に減価すると、経済は再び激しい混乱に陥りました。日用品、食料品の多くをタイからの輸入に頼るラオスでは、バーツ経済圏の重要な一角を形成しているため、消費者物価上昇率が1998年に90％、1999年には128％に達するなど猛烈なインフレに見舞われました。また、2003年に深刻な感染被害をもたらしたSARS（重症急性呼吸器症候群）の流行、2003年末から東南アジアで発生した鳥インフルエンザの影響により、観光客は激減しラオス経済は低迷を続けました。

　ところが、2003年にオーストラリアとラオス政府の合弁事業によるセポン金銅鉱山が操業を開始すると、翌2004年から経済は再び発展軌道に乗り、

2006年/07年度に貿易が初めて黒字化、2006年から2015年まで実質GDP成長率は7.5％以上を維持し続けています。また、1人あたりGDPは、2005年の511ドルから2015年の1,947ドルと推移しており、この10年間で約4倍に増加しています）。

2 産業構造

ラオスの産業構造は、1995年には農林業がGDPの50％以上を占める農業国でしたが、第2次産業の発展に伴い、農林業の占める割合は急速に減少しています。その結果、第1次産業（農林水産業）の全GDPに占める割合は、1995年の55％から2012年には21.80％へ減少しています。

第2次産業（鉱業・エネルギー・製造業・建設）は、1995年の19％から2015年には32.70％へと拡大しています。

ラオスの製造業は従来、食品・縫製・木材加工などが中心でした。近年、タイや中国での人件費高騰のためラオスに工場を設立する外資企業が増えており、2013年の日系企業によるラオスへの投資は電気・電子、自動車部品など多岐に渡り、投資累計額（2000～2012年）は4億600ドルを記録しています。2014年の製造業および鉱業がGDPに占める割合は、それぞれ7.87％と14.19％となっています。

ラオスの電力業はメコン河とその支流の豊富な水力を利用した発電で、タイを中心とする近隣諸国に電力を供給しています。電力・水道セクターのGDPに占める割合は、2008年の2.5％から2014年には3.3％へ増大しています。

第3次産業（サービス産業）は1995年から2004年までの10年間で、GDPに占める比率を26％から40％に拡大しています。その後も前年比6％～10％の高い成長率を示しているものの、第2次産業の急成長に押され気味であり、GDP全体に占める割合は2015年時点で35.95％に留まっています。

3　直接投資動向

　ラオスへの直接投資は、世界的な資源ブームを背景に法制度の整備とともに2000年後半に入り急増しています。西側諸国に門戸を開放し始めた1989年から2012年末までのラオスの直接投資受入れ相手国を見ると、ベトナムが最大の投資国であり、タイ、中国が続いており、この3ヵ国で投資累計額の約80％を占めています。

　日本は全体からみると、2％程度となっていますが、近年は日本からの直接投資ではなく、在タイ日系企業のラオス進出、「タイプラスワン」進出が徐々に増加しています。2012年末のラオスの製造業の賃金はタイの約40％、非製造業のそれは約50％である上、タイの2011年の洪水による被害、2013年から2014年にかけて行われている反政府デモ等、タイ政治経済の不安定さがラオスへの事業進出の一因となっています。ラオスの政治は、一党指導型の政治体制の下、一貫性が保たれており、安定しているといえます。また、タイに比べて人件費が3分の1程度であることやラオス語とタイ語の言語的類似性から、タイ人に指導や管理を任せられるというメリットもあります。

4　経済協力

（1）日・ラオス投資協定

　2008年1月に東京で開催された日・メコン外相会議において、両政府間で署名が取り交わされ、同年8月3日に発効しました。日本からのラオスへの投資を促進し両国間の経済関係を強化するための協定です。本協定は、投資財産の保護に加え、投資の自由化に関する規定、具体的には、①投資の許可段階の内国民待遇および最恵国待遇の原則供与（第2条および第3条）、②締約国による投資家との契約遵守義務（第5条2）、③投資阻害要

因効果を有する特定措置の履行要求の原則禁止（第7条）等が規定されています。

（2）ASEAN経済共同体（AEC：ASEAN Economic Community）の確立

アジア経済危機がASEAN各国に多大な被害を与えましたが、それがきっかけとなり、2015年11月に、ASEAN10ヵ国がASEAN経済共同体の発足宣言に調印しました。域内関税の撤廃、貿易の自由化、投資の自由化、知的所有権の保護、インフラに開発等を図ることを目的としています。AECは、これまでバラバラだった「ASEAN」が合計6億人以上の人口をもつ「1つの市場」になり、同地域の経済が活性化することが期待されています。EUとの大きな違いは、統一通貨を設けないということにあります。

（3）大メコン圏（GMS：Greater Mekong Sub region）

GMSにはメコン河が貫流しているインドシナ5ヵ国の他、上流地域の中国雲南省、広西チワン族自治区を含みます。1990年代初頭から、ソ連が崩壊へ向かう中で、ベトナムとラオスが解放路線に転換し、カンボジアでも和平が成立したのをきっかけに、アジア開発銀行（ADB）の主導の下、GMSという地域単位を設定し、国境横断的開発を実施しています。

参考文献

IGES (2012) Lao PDR REDD +Readiness – State of play
青山利勝 (1995)『ラオス―インドシナ緩衝国家の肖像』中央公論社
綾部恒雄、石井米雄 (1996)『もっと知りたいラオス』弘文堂
一般社団法人海外林業コンサルタンツ協会 (2013)「開発途上国の森林林業」
ATパブリッシャー (2012)『マンガと図解 80分でわかるCLMB-カンボジア、ラオス、ミャンマー、バングラデシュ』ATパブリケーション
菊池陽子他 (2015)『ラオスを知るための60章』明石書店
黒柳米司他 (2015)『ASEANを知るための50章』明石書店
国家統計院 (2015)『National Statistic 2014』
ジェトロ海外調査部 (2015)『ラオス概況』
鹿野健 (2015)「海外ビジネスコラム第61回 アセアン経済共同体 (AEC) と大メコン圏 (GMS) の経済回廊について」
園江満 (2006)『ラオス北部の環境と農耕技術―タイ文化圏における稲作の生態』東京外国語大学アジア・アフリカ言語文化研究所
地球の歩き方編集室 (1991)『FRONTIER 地球の歩き方ラオス』ダイヤモンド・ビッグ社
山田紀彦 (2003)「ラオス内戦下の国民統合過程」『国家・暴力・政治 研究双書 No.534』
ラオス文化研究所 (2003)『ラオス概説』めこん

(ウェブサイト)
外務省ウェブサイト 〈http://www.mofa.go.jp/mofaj/area/laos/0801_jltk.html〉
外務省ウェブサイト「ODAちょっといい話」<http://www.mofa.go.jp/mofaj/gaiko/oda/hanashi/sekai/asia/tk_laos_01.html>
国際協力機構ウェブサイト 〈http://www.jica.go.jp/project/laos/009/ (JICA)〉
国家統計院 (Lao Statistics Bureau) ウェブサイト 〈http://www.lsb.gov.la/index.php〉
United Nationsウェブサイト 〈http://www.la.one.un.org/sdgs/sdg-4-education〉
World Waterfall Data Baseウェブサイト 〈http://www.worldwaterfalldatabase.com/largest-waterfalls/total -width/〉

第2章

ラオスの進出法務

第1節 外資規制に関する実務

1 外資規制に関する法律の概要

　1986年以降、ラオスは、市場経済の発展を目的として、国内の経済改革、市場開放を徐々に進めています。2017年4月19日に施行した改正投資奨励法（以下、「改正投資法」）は、外資内資を区別することなく、ラオスでの投資を広く奨励しています。しかしながら、投資を奨励しない例外的な分野として、事業ネガティブリスト承認に関する首相令第107号にて規定されています。同省令は、一般的に「ネガティブリスト」と呼称されています。後述する通り、「ネガティブリスト」にあげられている事業は、監督省庁にて許可の審査（スクリーニング）が必要であるということであり、投資がすべて禁じられているわけではありませんので、ご留意ください。

　なお、別途ラオス国籍者のみに保全されている事業や外資の出資規制が設定されている事業がありますので、こちらも後述します。

図表2-1　ラオスの外資規制の特徴一覧（カンボジア、ミャンマー比較）

	ラオス	カンボジア	ミャンマー
特徴	厳しい外資規制	原則自由	厳しい外資規制
製造業	原則自由	原則自由	原則自由
飲食業	原則自由	原則自由	原則自由
小売業	原則不可	原則自由	原則不可
卸業	原則不可	原則自由	原則不可
フォワーダー業	49％まで投資可能	原則自由	70％まで投資可能
建設業	49％まで出資可能	原則自由	原則自由
人材紹介業	原則不可	原則自由	原則不可

2 外資規制の緩和

　後述する通り、ラオスでは幾つかの外資規制が存在していますが、現在規制緩和への諸手続きが進められています。例えば、卸売・小売はこれまで外資が一切認められていませんでしたが、2015年5月22日付卸売小売事業に関する合意（No.1005/IC）にて条件付きではありますが、100％外資の出資が認められるようになりました。今後の規制緩和への取り組みとしては、ラオスが世界貿易機構との間で約束したロードマップが公表されており、一部のものは前倒しで実施されています。

　また、ASEAN経済共同体では全155のサブセクター（分野）のうち128の分野を対象に、加盟各国がASEAN域内企業からの出資を段階的に自由化し、2015年中を期限にすべての業種において70％以上の外資出資を容認することが定められています。規制緩和については、ラオスを含むASEAN諸国での進捗が遅れている状態ではありますが、その履行が今後期待されています。

コラム① ショッピングセンター・百貨店に対する規制緩和

　ラオス商工省は卸売り・小売りに関する商工大臣合意（No.1005／MOIC.DDT、2015年5月22日付）に次いで、ショッピングセンター・百貨店 に関する商工大臣合意（No.1950／IC.DDT、2015年9月22日付）を発布しています。大型商業施設建設に対する外資規制や商業スペースの販売・リースの規則を定めたもので、外資の参入では100万ドル以上の投資が必要と明記されています。

　ラオスでは首都ヴィエンチャンを中心に大型商業施設の建設が相次ぐ一方、法的整備が追い付いておらず早急に対応する必要性が高まっています。今回のショッピングセンター・百貨店に関する商工大臣合意は、ショッピ

ングセンターや百貨店の定義、基準、設立許認可、商業スペースのリースや販売などを定めています。まず大型商業施設は、サービス面積が5万1平方メートル以上のショッピングセンターと、5,001平方メートル以上5万1平方メートル未満の百貨店と定義し、百貨店はハイパーマーケット、スーパーセンター、スーパーマーケットに分類され、ショッピングセンター内もしくは独立して設立することができるとされています。面積5,001平方メートル未満の商業施設については明示されていません。

- ショッピングセンター　50,001平方メートル以上
- 百貨店（ハイパーマート）　20,001平方メートル以上から50,000平方メートル未満
- 百貨店（スーパーセンター）10,001平方メートル以上から20,001平方メートル未満
- 百貨店（スーパーマーケット）5,001平方メートル以上から1,0001平方メートル未満

　同合意では大型商業施設建設への投資について、一定の範囲で外資の進出を認める内容となっています。同合意第9条で、外国投資家や外国企業は、①建設費を含む投資額が1,600億キープ（2,000万ドル）以上であれば外資100％、②800億キープ（1,000万ドル）以上1,600億キープ未満であれば外資70％まで、③80億キープ（100万ドル）以上800億キープ未満であれば外資51％まで参入できるとしています。一方、独立して建設されるコンビニエンスストアや各種卸売り・小売りを含む80億キープ未満の投資事業についてはラオス人投資家・企業に限定されるとしています。

〈投資額〉
- 1,600億キープ（約2,000万米ドル）以上　外資比率の上限　100％まで

- 800億キープ（約1,000万米ドル）以上、1,600億キープ（約2,000万ドル）未満　70％まで
- 80億キープ（約100万米ドル）以上、800億キープ（約1,000万米ドル）未満　51％まで

　なお、大型商業施設内で営業するコンビニエンスストアや卸売り・小売りについては、別途2015年5月22日付の卸売り・小売りに関する商工大臣合意で規定されており、40億キープ（約50万米ドル）以上の登録資本金があれば外資が参入できるとされています。

　また、同合意第16条で、大型商業施設建設に投資する事業主は、全面積の30％を限度に自ら卸売り・小売りを営むことを可能としていますが、同様に卸売り・小売りに関する商工大臣合意に従い、卸売・小売業としての企業登録もしなければならないと規定されています。今後の実務上の動向に注目です。

3　禁止業種

　禁止事業分野リストに関する通達第1592条（2013年8月26日付）では、各関連法に基づき、ラオスでの以下の6分野に関する事業の実施を禁止しています（図表2-2）。

図表2-2　ラオスの禁止事業分野

	ラオスの禁止事業分野
1	危険化学物質を扱う事業（工業物質・化学物質の管理に関する商工省決定第1041号）
2	放射性鉱物を扱う事業（鉱物輸出に関する首相令第90号、鉱物法第2号）
3	産業用爆発物を除く武器・戦車を扱う事業（刑法第12号、爆発物の使用と管理に関する首相合意第39号）
4	アヘン、ケシ、大麻、コカインおよび派生物を扱う事業（刑法第12号、麻薬法第10号、麻薬法施行令第76号）
5	紙幣、造幣インク、造幣機器、通貨偽造機器を扱う事業（ラオス中央銀行法第5号）
6	その他関連法に基づき禁止される事業

出典：「ラオス投資ガイドブック2016」JETROヴィエンチャン事務所[1]

4　規制事業

　事業ネガティブリスト承認に関する首相令第107号では、以下の13分野67業種をネガティブリストとして定めています。下記に該当する事業の企業登録については、計画投資省のワンストップ・サービスオフィスを窓口として、関係省庁の審査を受けます[2]（改正投資法第36条）。

　投資家からの企業登録申請を受理後、2営業日以内にワンストップ・サービスオフィスは、技術的、専門的な意見を求めるために、各関係省庁へ申請書類を送付します。各関係省庁は、8営業日以内に、文書により審査結果を通達します。ワンストップ・サービスオフィスは審査結果を投資促進管理委員会へ提出し、同委員会は10営業日以内に審査結果を精査します。その後、5営業日以内にワンストップ・サービスオフィスは、投資許

---

1) 本ガイドブックは、日本貿易振興機構（ジェトロ）ヴィエンチャン事務所が著者と共同で作成したものであり、著作権はJETROヴィエンチャン事務所に帰属します。
2) ネガティブリストに該当しない分野は商工省が窓口となり（改正投資法第38条）、ネガティブリストに該当する分野は、計画投資省のワンストップ・サービスオフィスが窓口となります（計画投資省ワンストップ・サービス担当者回答）。

可証および企業登録証を発行します（同法第37条）。

図表2-3　ネガティブリスト

セクター	ISIC	事業内容	管轄機関
農林、漁業			
	0170	狩猟、罠、その他関連活動	農林省
	0210	植林および森林に関する活動	農林省
	0220	森林伐採	農林省
	0230	森林産物・種の採取に関する活動	農林省
	0312	河川での漁業	農林省
工業加工			
	1313	石油製品の製造	商工省
	1511	動物の皮加工	商工省
	1701	製紙、段ボール製造（手工芸品は含まない）	商工省
	1812	印刷に関わる活動	情報文化観光省
	1920	衣服、織物	商工省
	2011	化学薬品の製造	商工省
	2021	農業で使用する殺虫剤の製造	商工省
	2029	使用されたことのない化学薬品の製造	商工省
	2100	治療薬	保健省
水の配給、排水の浄化、廃棄物管理、その他の問題解決事業			
	3600	水の保全、浄化、配給	公共事業運輸省
	3700	排水の浄化	公共事業運輸省
	3812	危険な廃棄物の保管	公共事業運輸省
	3822	危険な廃棄物の保全と管理	公共事業運輸省
卸売り、小売り；自動車およびバイクの修理			
	4661	固形、液体、ガソリンの販売	商工省
	4662	金属、鉱物の販売	ラオス中央銀行
運輸と集荷			
	4911	鉄道による乗客輸送	公共事業運輸省
	4912	鉄道による商品輸送	公共事業運輸省
	4922	陸路による乗客輸送	公共事業運輸省
	4930	パイプによる輸送	公共事業運輸省
	5021	水路による乗客輸送	公共事業運輸省
	5110	航空機による乗客輸送	公共事業運輸省

セクター	ISIC	事業内容	管轄機関
	5120	航空機による商品輸送	公共事業運輸省
	5310	郵便事業	郵便通信ネットワーク省
宿泊、レストラン			
	5510	短期滞在宿舎営業	情報文化観光省
情報通信			
	5811	書籍の印刷	情報文化観光省
	5813	新聞、コラム、雑誌の印刷	情報文化観光省
	5819	他の印刷活動	情報文化観光省
	5911	写真、ビデオ、テレビ番組の製造	情報文化観光省
	5912	写真、ビデオ、テレビ番組の製造後活動	情報文化観光省
	5913	写真、ビデオ、テレビ番組の販売	情報文化観光省
	5914	映画の製造	情報文化観光省
	5920	録音や音楽出版	情報文化観光省
金融・保険			
	6419	その他の金融仲裁	中央銀行
	6420	持株会社	財務省
	6430	基金、信託	中央銀行
	6491	融資	中央銀行
	6492	その他の信用供与	中央銀行
	6499	保険や年金事業以外のその他の金融サービス	中央銀行
	6511	生命保険	財務省
	6512	生命保険以外の保険	財務省
	6520	再保険	財務省
	6530	年金基金	財務省
	6611	金融マーケット管理	財務省
	6612	証券、商品取引契約仲介	財務省
	6619	他の金融サービスを補助する業務	財務省
	6630	ファンドマネージメントサービス	財務省
専門分野、科学技術事業			
	6910	法律分野（特に弁護士）	司法省
	6920	会計、税に関する相談	財務省
サービス支援、管理事業			
	7810	設立団体に関する活動	労働社会福祉省

セクター	ISIC	事業内容	管轄機関
	7912	旅行業	情報文化観光省
教育関連事業			
	8510	初等教育	教育スポーツ省
	8521	中等教育	教育スポーツ省
	8522	専門技術、職業訓練	労働社会福祉省、教育スポーツ省
	8530	高等教育	教育スポーツ省
	8541	スポーツと趣味	教育スポーツ省
保健衛生、社会セクター事業			
	8610	病院	保健省
	8620	医療治療、歯科治療	保健省
	8690	その他の保健衛生	保健省
芸術、歓楽、レクリエーション			
	9200	賭博事業	情報文化観光省、財務省
	9102	博物館、史跡、歴史的建造物	情報文化観光省
	9321	遊園地	情報文化観光省（国家観光機構、情報文化省）[3]

出典：「ラオス投資ガイドブック2016」JETROヴィエンチャン事務所[4]

5　ラオスでの条件付き外国投資分野

　条件付き外国投資許可分野の中には、ラオス人の資本参加が求められる分野が存在しています。また、鉱業や電力分野等では、外国投資家は政府に対し、交渉によって決定された合弁会社の持ち分を提供することが求められており、注意が必要となります。

　条件付き外国投資許可分野および外国投資不許可分野の詳細は、図表2-4の通り規定されています（2013年8月26日付外国人投資家の条件付きビジネスリストについての通達（No.1591）および2015年7月13日付ラオス国籍者のみに保全される事業リストについての通達（No.1328））。

---

[3] 現在、国家観光機構、情報文化省から情報文化観光省へと改組されていますので、ご注意ください。
[4] 「ラオス投資ガイドブック2016」のウェブサイトは以下の通りです。（https://www.jetro.go.jp/ext_images/_Reports/02/2016/a2c1b32bf0600050/rpLa_guide_inv2016.pdf）

ただし、本リスト以外にも省庁内で独自に、内規により規定されているケースがありますので、事前に弁護士事務所等の専門家に確認することが推奨されます。

図表2-4　外国人投資家の条件付きビジネスリスト

セクター	ISICコード	事業内容	登録資本金	外資比率規制	法的根拠	担当省庁
加工工業	1079	その他分類されていない食品の加工	10億キープ以上	20%	全国のコーヒー加工工場設立のための外国投資企業登録に関する告示（No.1036）	商工省
	2100	治療薬、薬の製造のための化学薬品製造および植物由来薬品の製造	10億キープ以上	49%	2011年薬品・医療品に関する法（No.07/NA）、2013年ラオスにおける医療品管理に関する告示（No.310）	保健省
建設業	4210	道路や鉄道の建設。ここでは道路橋梁建設	10億-2400億キープ	49%	2012年8月21日付　公共事業運輸セクター企業設立に関する規則（No.13779）	公共事業運輸省
		道路や鉄道の建設。ここでは道路橋梁建設	2400億キープ以上	100%		
	4312	整地・埋め立て（小規模事業）	80-400億キープ	49%	2012年8月21日付　公共事業運輸セクター企業設立に関する規則（No.13779）	
		整地・埋め立て（大規模事業）	400億キープ以上			
	4329	建設設置（建設資材の組み立てのみ）（小規模事業）	80-400億キープ	49%	2012年8月21日付　公共事業運輸セクター企業設立に関する規則（No.13779）	
		建設設置（建設資材の組み立てのみ）（大規模事業）	400億キープ以上			
	4330	内装外装（小規模事業）	80-400億キープ	49%	2012年8月21日付　公共事業運輸セクター企業設立に関する規則（No.13779）	
		内装外装（大規模事業）	400億キープ以上			
修理	4520	自動車の修理（ここでは修理施設の設立）	15億キープ以上	100%	2012年8月21日付　公共事業運輸セクター企業設立に関する規則（No.13779）	
卸・小売	4690	卸売	40-100億キープ	50%	2015年5月22日付　卸売小売事業に関する合意（No.1005/IC）	商工省
			100-200億キープ	70%		
			200億キープ以上	100%		
	4719	小売	40-100億キープ	50%		
			100-200億キープ	70%		

第 1 節　外資規制に関する実務

セクター	ISICコード	事業内容	登録資本金	外資比率規制	法的根拠	担当省庁
			200億キープ以上	100%		
運輸	4922	陸路による乗客輸送（メータータクシー）	50億キープ以上	100%	2012年8月21日付　公共事業運輸セクター企業設立に関する規則（No.13779）	公共事業運輸省
	4923	商品輸送（国内輸送）	30億キープ以上	100%		
		商品輸送（越境輸送）	50億キープ以上	49%		
	5210	倉庫サービス	10億キープ以上	49%		
	5221	国内輸送センターサービス	50億キープ以上	49%		
		国外輸送センターサービス	100億キープ以上	49%		
	5229	国内商品配送サービス	30億キープ以上	49%		
		国外商品配送サービス				
ホテル・レストラン	5510	ホテル（3星-5星）	10億キープ以上	60%	2005年観光法、2013年1月31日付告示（No.57）	情報文化観光省
金融・保険	6419	商業銀行	3000億キープ以上	100％（投資家の合意次第）	1999年中央銀行法、2006年商業銀行法、2007年商業銀行設立に関するガイドライン、2012年マイクロ金融設立条件と書類に関する告示（No.154）	中央銀行
		銀行支店	1000億キープ以上			
		預金型マイクロ金融	30億キープ以上			
エンジニアリング	7110	建築とエンジニアリングの活動と関連する技術的コンサルティング（FS調査）	40-80億キープ（小規模事業）、80億キープ以上（大規模事業）	49%	2012年8月21日付　公共事業運輸セクター企業設立に関する規則（No.13779）	公共事業運輸省
		建築とエンジニアリングの活動と関連する技術的コンサルティング（設計調査、内装外装、建設コンサルティング、エンジニアリング）				
	7120	自然科学と工学に関する研究および実験開発（ここでは自動車検査センターの設立）	10億キープ以上	100%		
教育	8549	自動車教習所	80億キープ以上	49%		
		重機教習所	150億キープ以上	100%		
健康・社会	8690	医療事業（ここでは医療、伝統医療事業）	10億キープ以上	49%	2005年治療法、1998年4月9日付民間病院に関する首相令（No.16/PM）	保健省

出典：「ラオス投資ガイドブック2016」JETROヴィエンチャン事務所

6 ラオス国籍者のみに保全される事業

ラオス国籍者へ保全される事業リストに関する商工大臣令第1328号（2015年7月13日付）では、ラオスの伝統事業や大規模資本・先進技術を要しない事業に関して、ラオス人の雇用創出や生計向上に貢献する以下の14分野

図表2-5　ラオス国籍者のみに保全される事業

	セクター	詳細な事業内容
1	農林漁業	生薬の採集
2	加工	機織り、刺繍、小規模な木工・彫刻・カゴ編み、陶器の製造、等
3	電気、ガス、蒸気、空気の供給	15MW以下の水力発電事業
4	建設	建物内の電気工事、水道管・エアコンの設置
5	修理	40億キープ以下の自動車・バイクの修理
6	輸送、倉庫	陸上乗客輸送
7	レストラン、宿泊	3つ星未満のゲストハウス、リゾート、ホテル
8	情報ネットワーク	新聞・雑誌の印刷、歌詞の印刷・録音、コミュニティラジオ局・コミュニティテレビ局の設立、等
9	金融、保険	非貯蓄型マイクロクレジット、融資組合、等
10	職業訓練、科学技術	歴史・自然・文化に関する調査、設計、建設、ラオス語翻訳、等
11	サービス支援・管理	職業斡旋、建物のクリーニング、等
12	教育	技術職業訓練教育（5カ年計画で奨励される項目は除く）、外国人向けラオス語教育
13	医療、社会	民間の診療所
14	その他	靴・皮の修理、洗濯・ドライクリーニング、散髪・美容、葬儀、等

出典：「ラオス投資ガイドブック2016」JETROヴィエンチャン事務所

36業種を、ラオス国籍者のみに保全される事業として定めています。図表2-5にて定められる業務については、外資の参入は一切認められていないので、注意が必要となります。ただし、当局との交渉によっては、例外が認められる可能性もあり、現地専門家に確認されることが推奨されます。

コラム② コンサルティング業務について

　ラオスのみならず、新興国では規制業種に対して、業務内容が曖昧なコンサルティング業務等で、事業が行われるケースがあります。この点、ラオスではどのような分野であってもコンサルティング業務として企業登録申請をする場合、2016年前半までは、商工省での審査のみで企業登録が完了していました。

　しかしながら、最近では、2016年7月5日付で、運輸関連業務に関する企業登録申請の場合はすべて、業務内容を精査するため、商工省より公共事業省を通すようにとの通達が発布され、2016年7月11日より施行されています。そのため、コンサルティング業務であったとしても、公共事業運輸省に対して事業計画書の提出を求められたり、事業内容の説明を要求されたりする可能性があります。

　また、運輸の分野に限定されないようなコンサルティング業務を希望する場合は、サービスの幅を広げるために、例えば「商業と投資に関するコンサルティング業務」という事業内容で企業登録申請をすることも可能です。

　ただし、昨今、承認されたコンサルティング業務の範囲を超えてビジネスを展開している会社が多く存在することを受けて、コンサルティング業の認可において、その業務範囲の厳格化が進んでいるので、注意が必要となっています。

第2節 投資形態、進出形態の選択

　ラオスにおける投資形態、進出形態について、以下の通り、解説します。ラオスの外国投資については、2017年4月19日に施行した改正投資奨励法（No.14）が、その中核を担っています。ラオスでは、2016年より改正投資奨励法草案の起案、修正および国民議会での協議が行われていました。2016年10月11日時点の草案が最新版（以下、「最終草案」）として、国民議会に提出されていました。議会での手続きを経て、遂に2017年に改正投資法が官報に掲載され、改正投資法が2017年4月19日より施行しています。総条文数は、第1条から第109条までとなっており（旧投資奨励法（以下、「旧投資法」）は、第99条まで）、また最終草案から内容も大きく変更されています。

　なお、経過規定によれば、旧投資法により既に恩典を受けていた投資家等については、そのまま旧投資法の内容が適用されることになっております。もし当該投資家が改正投資法上の優遇措置を受けることを希望する場合は、当局に対して、改正投資法の施行後、120日以内に申請を行う必要があります（同法第109条）。

1　外国投資に関する投資形態

　ラオスにおける投資法上の投資の形態として、①国内資本あるいは外国資本による単独投資、②国内資本と外国資本の合弁投資、③契約に基づく業務提携、④国有企業と民間企業の合弁投資、⑤官民連携の5つに分類さ

れています[5]（同法第26条）。

　上記の③契約に基づく業務提携は、現地法人や支店を設立しないで行う投資形態とされています（改正投資法第29条）。また、④の国有企業と民間企業の合弁投資とは、国有企業と民間企業がラオスの法律に従い、新たな現地法人を設立し、共同の運営権と所有権を持つ投資形態であると規定しています（同法第30条）。また、⑤官民連携は、新規建設プロジェクト、インフラ整備、公共サービス分野のプロジェクト実施のため、ラオス政府と民間企業による合弁契約に基づく投資形態とされています（同法第31条）。

　2017年の改正により、今まで明確でなかった官民連携（Public-Private Partnership（PPP））での投資が明確な投資形態と定められ、今後、国有企業・政府と外国民間企業との共同出資による投資がより推奨されると評価できます。ただし、官民連携に関する細則の整備が進んでおらず、今後の細則の動向に注視する必要があります。

　改正投資法では、以下の通り、①一般事業、②コンセッション事業の2つの事業形態が規定されています（同法第32条）。

（1）　一般事業

　一般事業とは、ネガティブリストに規定される事業を含む一般事業分野へのラオス国内への投資となっています（同法第33条）。一般事業は、ネガティブリストに該当する業種とネガティブリストに該当しない一般事業の2つに分類されます（同法第33条）。

　ここでいうネガティブリストは投資規制業種のリストではなく、人間・国の安全保障に関わる分野、現在および将来に向けて自然環境、国民の健

---

[5] 旧投資法では、①国内資本あるいは外国資本による単独投資、②国内資本と外国資本の合弁投資、③契約に基づく業務提携の3つの形態のみ規定されておりました。2017年の改正投資法で、④国有企業と民間企業の合弁投資、⑤官民連携による投資の2つが追加されています。

康、国の伝統や文化に悪影響を及ぼすセンシティブな業種であり、投資手続きの審査に時間がかかるというだけです。ネガティブリストに記載されているからといって、ラオスへの投資自体が禁じられているわけではありません。

2012年9月11日付事業ネガティブリスト承認に関する首相令（No.107）では、以下の13分野67業種をネガティブリスト（改正リスト2012年9月11日）として規定されています。

図表2-6　事業ネガティブリスト

	対象事業
1	農林漁業（植林、森林伐採、河川での漁業など5業種）
2	工業加工業（9業種）
3	水の配給、排水浄化、廃棄物管理、その他の問題解決事業（4業種）
4	ガソリンの卸売り・小売り、自動車およびバイクの修理（2業種）
5	運輸、集荷（鉄道、航空機などによる人と貨物の輸送など8業種）
6	ホテル業・レストラン業
7	情報通信（書籍・新聞の出版、テレビ・ラジオ・衛星放送、通信など8業種）
8	金融、保険（融資、保険、証券売買の仲介など14業種）
9	専門業務、科学技術系事業（法律業務など2業種）
10	サービス支援、管理（観光業など2業種）
11	教育関連事業（初等・高等教育、職業訓練など5業種）
12	保健衛生、社会セクター事業（病院、医科歯科治療、その他保健衛生の3業種）
13	芸術、娯楽（賭博、遊園地の4業種）

出典：「ラオス投資ガイドブック2016」JETROヴィエンチャン事務所

(2) コンセッション事業

コンセッション事業とは、政府が規定や内規等に基づいて、開発や事業のために政府が有する権利を使用することを認めたラオスへの投資活動のことです（同法第41条）。コンセッションには土地、経済特区および輸出

加工区の開発、鉱業、電力、航空および通信に関する権利などがあり、コンセッションが与えられる分野は投資奨励法履行に関する首相令[6]のAnnex3に規定されています（同首相令第10条）。

コンセッション付与期間は、関連する法律に準じた投資の種類、規模、投資額、条件、実現可能性（FS）調査結果に従いますが、最長でも50年を超えない期間[7]と定めています（同法第42条1項）。

コンセッション期間は関連する法律が定める権利の範囲において、政府あるいは国会あるいは県レベルの国民議会の合意を得ることによって延長することができます（同法第42条2項）。

コンセッション事業における投資家の条件は以下の通りです（同法第43条）。

① 法人であること
② 資事業分野に対する十分な経験と実績を有すること
③ 国内外の金融機関等により資金が承認、確保されていること
④ 関連する法律が定めるその他条件を満たしていること

---

6) 投資奨励法履行に関する首相令は、2017年改正投資法の施行以前に成立したものであり、改正投資法の施行により今後内容が改定される可能性があります。
7) 政府内部でコンセッション付与期間が長すぎるとの意見があり、旧投資法上のコンセッション付与期間は99年間でしたが、改正投資法では、50年間へ短縮されています。

図表2-7　コンセッション付与分野一覧

番号	コンセッション事業
1	鉱物セクター
	中央レベルの承認
1.1	概査、探査
1.2	採掘
1.3	加工
1.4	- 原油、天然ガスの探査採掘
	都・県レベルの承認
1.5	工芸的鉱物採掘（初歩的な道具を使用し、採掘機械を使用しない採掘）、工芸的鉱物採掘が認められる鉱物としては沖積金、沖積錫、尾鉱等である）
1.6	建設のための砂利採掘
2	電力セクター
	中央レベルの承認（15MW※以上）
2.1	- 水力発電開発
2.2	- 風力発電開発
2.3	- 太陽光発電開発
2.4	- 火力発電開発
	都・県レベルの承認（15MW未満）
2.5	- 水力発電開発
2.6	- 風力発電開発
2.7	- 太陽光発電開発
2.8	- 火力発電開発
3	政府の所有権の使用に関連するその他のサービスセクター
	中央レベルの承認
3.1	通信、衛星通信セクターへの投資
3.2	ラジオ局、テレビ局
3.3	航空便、空輸、海軍セクターへの投資
3.4	政府の土地を使用した市場、ショッピングセンター、観光地、休息地、公園、事務所、宿泊施設、その他の建設セクターへの投資

※規定上は、「5MW以上」となっていますが、誤りであり、正確には「15MW以上」であるとのこと（計画投資省担当者）。

第 2 節　投資形態、進出形態の選択

番号	コンセッション事業
3.5	インフラ建設への投資：道路、輸送（陸運、水運）、鉄道、架橋、空港、上水道、最終処分場、廃棄場、およびその他
3.6	政府と共同出資による保険、金融セクターへの投資
	都・県レベルの承認
3.7	ラジオ局、テレビ局（地方レベル）
3.8	政府の土地を使用した市場、ショッピングセンター、観光地、休息地、公園、事務所、宿泊施設、その他の建設（地方レベル）
3.9	インフラ建設への投資：道路、架橋、空港、上水道、廃水処理場、廃棄場、およびその他
4	観光セクター
	中央レベルの承認
4.1	国家レベルの観光地の開発への投資（動物園、遊園地、代替観光地）
4.2	政府の土地を利用した3星以上のホテル、リゾート施設、レストラン開発
	都・県レベルの承認
4.3	地方レベルの観光地の開発への投資（動物園、遊園地、代替観光地）
4.4	政府の土地を利用した3星未満のホテル、リゾート施設、レストラン開発
5	農林業セクター
	中央レベルの承認
5.1	穀物、一年生植物栽培のためのコンセッション事業
5.2	大型家畜、牛、水牛、その他の飼育のためのコンセッション事業
5.3	果樹、多年生植物、工業植林（アカシア、ユーカリ）のためのコンセッション事業
5.4	工芸作物栽培のためのコンセッション事業
5.5	非木材森林産物、生薬栽培のためのコンセッション事業
5.6	家禽類、小型家畜（ヤギ、羊、その他）の飼育のためのコンセッション事業
5.7	水棲動物、野生動物飼育のためのコンセッション事業
6	都・県レベルの承認（150ha以下の面積）
6.1	穀物、一年生植物栽培のためのコンセッション事業
6.2	大型家畜、牛、水牛、その他の飼育のためのコンセッション事業
6.3	果樹、多年生植物、工業植林（アカシア、ユーカリ）のためのコンセッション事業

番号	コンセッション事業
6.4	工芸作物栽培のためのコンセッション事業
6.5	非木材森林産物、生薬栽培のためのコンセッション事業
6.6	家禽類、小型家畜（ヤギ、羊、その他）の飼育のためのコンセッション事業
6.7	水棲動物、野生動物飼育のためのコンセッション事業
7	特別経済区と特定経済区の開発
7.1	包括的近代都市開発
7.2	工業区、輸出生産区、観光都市区、免税商業区、テクノロジー情報通信開発区、国境経済区、都市区画区、新都市区、その他

出典：「ラオス投資ガイドブック2016」JETROヴィエンチャン事務所

2　進出形態

　ラオスで認可される進出形態については、2014年1月28日付改正会社法（No.065）（以下、「会社法」）により規定されています。申請にあたっては、駐在員事務所、コンセッションを伴う事業および経済特区内への進出の場合を除き、企業形態にかかわらず商工省もしくは都・県商工局に届け出を行う必要があります。改正投資法および会社法が定めている会社形態は以下の通りとなります。

第2節　投資形態、進出形態の選択

図表2-8　ラオスの会社形態一覧

進出形態	定義
駐在員事務所	外国会社の現地代表事務所（改正投資法第55条）
支店	外国会社の一部であり、独立の法人格を有しない （実務上は、銀行、保険、航空会社、国際コンサルタントのみ4業種のみ可能）
有限責任会社	2名以上30名未満の株主の会社（会社法第3条8項）
一人有限責任会社	1名の株主による会社（会社法第3条3項）
パートナーシップ	複数のパートナーとの契約による形態（会社法第3条4,5項）
公開会社	9名以上の株主による企業（会社法第3条9項）

出典：「ラオス投資ガイドブック2016」JETROヴィエンチャン事務所

（1）　駐在員事務所

　ラオスの駐在員事務所は、投資に関する情報収集および親会社との連絡役を務めることを目的として設立が認められています（改正投資法第55条）。ただし、タイやカンボジアと同様に、営業および事業活動を行うことはできない（同法第56条）ので注意が必要となります。詳細は、投資奨励法施行に関する首相令で定められている、計画投資省の審査により許可が与えられます。

　活動範囲は、情報収集、実現可能性調査の実施、親会社のために国内外への連絡、覚書もしくは契約締結の監督等に制限されており、売上計上や認可業務以外の商業活動実施は禁止されています（投資奨励法履行に関する首相令第29条、30条）。

　法人税は、課税対象とはなりませんが、給与に対する個人所得税、各種源泉徴収税や付加価値税に対する課税は行われますので、事前確認が必ず必要です。

　また、ラオスでの駐在員事務所での進出で、注意する必要があるのは、許可期間に関する制限が存在しており、駐在員事務所の認可期間は1年間で、2回のみ延長が可能（合計3年）となっています（同首相令第28条1

項）。ただし、親会社が政府の特定のプロジェクトについての調査等について覚書や契約を締結している場合や交渉により計画投資省が認める場合等については、例外的に延長が認められる可能性があります（同首相令第28条2項）。実際に、現地に進出している日系企業では当該例外措置を受けているケースが多く確認されています。

　さらに、ラオスの駐在員事務所の設立には、法律上明文化されていない、登録資本金の送金義務が存在しており、2017年4月19日時点では通常50,000USドル相当の送金義務（なお、現物出資も可能）があり、当該送金についてラオス中央銀行から資本金振込証明書を取得する必要があります。当該送金義務は内規で定められており、年々要求される送金額が増額していますので、注意が必要となります。

　2017年4月19日現在、駐在員事務所に関する規定細則の導入が計画投資省内部で議論されており、今後規定細則が策定される可能性があり、今後の動向に注目です。

図表2-9　ラオスの駐在員事務所に関するまとめ

所在地	ラオス国内の住所を計画投資省および所轄税務署に登録する必要がある。
活動範囲	情報収集、実現可能性調査の実施、親会社のために国内外への連絡、覚書もしくは契約締結の監督等に制限。
納税義務	法人税については対象外。個人所得税、源泉徴収税等については課税対象となる。
送金義務	50,000USドル相当の送金義務が存在している。
その他義務	法律上、明文化されていない送金義務があり、注意が必要。認可期間は、原則3年しか認められない（ただし、交渉による例外あり）。

（2） 支店

　旧投資法においては、外国企業は、ラオス国内で支店を通じて事業を行うことも可能でしたが、改正投資法では、支店に関する規定が削除されております。2017年4月19日現在、ラオス国内での支店形態は、航空会社、銀行、保険、国際コンサルタントの4業種に限定されており、利用事例は限定されています。

（3） 有限責任会社

　有限責任会社は、法律上、運営組織も簡素なことから、外資系企業の多くが有限会社の形態をとっているのが現状です。ラオス国内における「外国企業」に関しては、会社法上、明確な規定はありませんが、実務上、1％でも外国資本が入っていると、外国企業とみなされます。

　また、ラオスでは一人会社（Sole Limited Company）の設立も認められており、外資規制がなければ、一人会社での進出も一般的となっています。株主が1名の場合、単独株主有限会社となり、「Sole Co., Ltd.」という表記を付ける必要があります。株主が2名以上の場合、「Co., Ltd.」という表記となります。

　なお、登録手続きについては、会社法第14条以下で記載されており、第3節現地法人の開設方法の部分にて詳細をご確認ください。

図表2-10　ラオスの有限責任会社に関するまとめ

商号	固有の商号を設定することが可能（会社法第26条）。ただし、禁止商号や類似商号とみなされる場合、商業省より認可がおりない可能性があるので、注意が必要。
株主	1名以上、必要（同法第83条）。発起人は全員、最低1株以上を保有する必要がある（同法第92条）。
資本金	資本金要件がない事業については、規制なし※
送金義務	全額送金義務があり、全額送金後、中央銀行から資本金受領に関する証明書の発行を受ける必要がある。
有限責任	有限責任であり、株主の責任は各自出資した資本金の範囲に限定される。
所在地	会社はラオス国内に住所を登録する必要がある。
取締役	取締役は1名以上必要。外国人も就任可能。国籍、居住要件は特段ない。

出典：「ラオス投資ガイドブック2016」JETROヴィエンチャン事務所

※旧投資法第17条では、10億キープ（約125,000USD）となっていましたが、改正投資法の施行により当該規定が削除されており、計画投資省担当者に確認したところ、最低資本金規制は撤廃されたとのコメントがありました。他方、2017年4月24日時点で商工省に確認したところ、各分野最低資本金を設定していない分野については、現時点では、改正前の10億キープを推奨しているとの回答を得ており（商工省企業登録局担当者回答）」、最低資本金規制については、今後の運用を確認していく必要があります。

（4）　パートナーシップ

ラオスでのパートナーシップには、一般パートナーシップ（同法第43条以下）および限定パートナーシップ（同法第74条以下）の2種類が規定されています。現時点では、外国企業のパートナーシップの利用事例はあまり多くなく、ここでは詳細な記載は省略させて頂きます。

（5）　公開会社

ラオスでの公開会社もあまり多く利用されていないのが実情です。公開会社は9名以上の株主から構成され、監査役を必ず選任する必要があります（同法第184条）。パートナーシップと同様に、利用事例は多くないので、ここでは省略させて頂きます。

第3節 現地拠点の設立実務

　ラオスでの会社設立については、改正投資法および会社法上、外国資本、内国資本によって差別なく、外資、内資問わず、同一の手続きとなります。
　基本的に、ネガティブリストに該当しない分野への投資については、ラオス商工省の企業登録管理局もしくは都・県商工局窓口にて申請することになります（同法第38条）。ただし、ネガティブリストに該当する分野への投資駐在員事務所、支店やコンセッションを伴う事業の申請手続き、経済特区内への申請手続きは計画投資省での申請（計画投資省担当者回答）となります。

図表2-11　会社設立申請手続き

	手続きおよび必要書類	申請先	必要日数
1	商号予約手続き	商工省、企業登録管理局もしくは都・県商工局窓口	1日から3日程度
2	企業登録証書（ERC）申請	商工省、企業登録管理局もしくは都・県商工局窓口	1週間程度
	納税者番号申請	財務省税務局もしくは都・県財務局	2週間程度
3	事業ライセンス申請	関連省庁	1ヶ月程度
4	社印作成申請	公安省	30日程度
5	資本金証明書発行申請	中央銀行	30日程度

出典：「ラオス投資ガイドブック2016」JETROヴィエンチャン事務所

図表2-12 会社設立等の申請の流れ

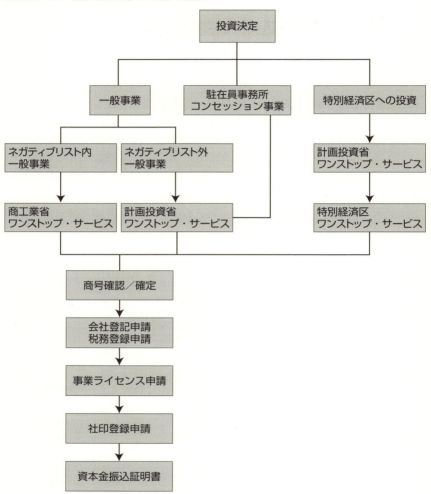

※手続きの流れについては、改正投資法が施行されたばかりであり、今後、修正される可能性があるので、注意が必要です。改正投資法上、首相や各省庁の大臣を含む全関連省庁から構成される投資促進管理委員という組織が発足しました（同法第75条以下）。当該委員会がワンストップ・サービスオフィスを管理し、一本化されたより効率的で円滑な投資審査・投資管理を行えるような体制を構築しようとしています（同法第77条）。

1 商号確認および予約手続き

商工省の企業登録管理局もしくは都・県商工局窓口にて、商号予約申請を行う必要があります。複数候補を提示すれば、約1日から3日程度で回答を得ることができます。

2 企業登録申請および税務登録申請

商工省もしくは都・県商工局から企業登録証明書の発行を受けるために、実務上、図表2-13の書類を準備し、提出する必要があります。

なお、申請期間は、約1週間から2週間程度で完了致します。

その後、財務省の国庫局および税務署にて税務登録申請を行う必要があります。財務省国庫局に申請書、設立契約書、定款を提出し、設立契約書と定款の登録手続きを行う必要があります。また、税務署では納税者番号を取得する必要があります。当該手続きには、2週間から1ヵ月程度を要すことが多い状態となっています。

なお、図表2-14に記載した必要書類や日数については、実務上、政治的な状況や担当者によって変動することが多く、登記完了まで1ヵ月から

図表2-13 会社設立の必要書類

	必要書類	部数
1	申請書	3通
2	設立契約書	3通
3	会社定款	3通
4	発起人決議書	3通
5	設立委任状（代理申請者がいる場合）	3通
6	発起人のパスポートの写し	3通
7	代表者の写真	6通

出典：「ラオス投資ガイドブック2016」JETROヴィエンチャン事務所

半年程度を要することが多いので、余裕を持って申請されることをお薦めします。

図表2-14　納税者番号取得の必要書類

	必要書類	部数
1	税務登録申請書	2部
2	パスポートコピー	2部
3	企業登録番号証	2部
4	取締役任命書	2部
5	会社定款	2部
6	FS調査報告書	2部
7	事務所の住所証明書（所轄地区の村長より発行）	2部
8	財産リスト	2部
9	職員給与リスト	2部
10	株主リスト	2部
11	事務所賃貸契約書	2部
12	事務所地図	2部
13	借地税支払いに関する領収書の写し	2部

出典：「ラオス投資ガイドブック2016」JETROヴィエンチャン事務所

3　事業ライセンスの申請

　業種によっては、個別ライセンスが必要な業種が存在しています。こちらは別途商工省の担当窓口および監督省庁に問い合わせを行う必要があります。費用や期間は監督省庁により様々となっており、こちらは進出検討時に必ず事前確認されることを推奨します。

4　社印作成申請

ラオスでは社印を公安省にて作成登録する必要があります（会社法第21条）。期間は1週間から2週間程度を要することが一般的です。

コラム③　社印に関する規制について

　会社設立申請の際に作成・登録する必要がある社印について、規制が存在しています。ラオスの社印は会社形態や設立団体、機関の性質によって大きさや形が異なります。

　2005年7月19日付 公印の取り扱いおよび使用についての首相布告（No.218）によれば、「公印」とは、書類に法的な効力を持たせ、団体や代表者が持つ権限や法的な根拠を証明するものと規定されています。

1　社印の種類、大きさ
・パートナーシップ、有限責任会社および各支店の場合、正八角形、縦直径3.5cm、横直径3.5cm
・政府系企業（政府投資率51％以上）の場合、卵型、縦直径3cm、横直径5.0cm
　なお、国家主席の公印は丸形、直径4.2cmとあります。

2　社印の記載内容
　企業登録を申請した省庁、企業が登録されている県あるいは首都名、中央は社名となっています。社名はラオス語と英語を選ぶことができます。

3　公印の管理と取り扱い
　公印は各団体、組織に1つのみ発行が許可されます。もう1つ同じ公印

が必要な場合は、関係機関に許可を得ることで、複製が可能です。

　また、既存の公印と区別がつくようにしておかなくてはなりません（同布告第14条1項）。

　書類に印を押すときは、署名の左側3分の1ほどかかるようにはっきりと押し、署名がない箇所には押してならないと規定されています（同布告第14条6項）。

　紛失した場合は、直ちに治安維持省へ届け出て、公印登録を抹消し、新たな公印を登録する必要があります（同布告第14条7項）。

　社印の場合はインクの色は青色と指定されています（同布告第15条3項）。

　各国大使館、領事館、国際機関等が独自に定める公印を使用する際は、事前に外務省へ公印のサンプルを提出し、治安維持省で登録申請を行う必要があります（同布告第19条2項）。

　NGO団体や他の設立団体が独自に定める公印を使用する際は、事前に治安維持省へ公印のサンプルを提出すると同時に登録申請を行う必要があります（同布告第19条3項）。

4　社印の使用許可申請について

　前提として、企業登録書および税務登録書が必要となっています。企業は以上の書類を揃えて商工省へ提出し、同省が承認後、治安維持省は7日以内に作成の許可を出します（投資奨励法履行に関する首相令第8条）。

　申請から、作成の許可、使用の許可を経て、実際に公印の登録が完了するまで、約1ヵ月を要します。

5　資本金証明

　会社法第101条では、資本金の払込方法として、会社設立に関する会議の開催後、会社登録前に、現物出資分の100％および現金出資分の70％以

上の払込を行う必要がある旨、規定しています。資本金の払込後、ラオス中央銀行にて資本金払込証明書の発行手続きを行う必要があります。申請期間は約1ヵ月程度となります。

　ただし、実務上は、会社登記および税務登録が完了しなければ、ラオス国内の商業銀行の法人口座が開設できないため、資本金の振込みは会社設立後しか行えない状態となっています。こちらは、法律と実務の間に乖離がある部分ですので、注意が必要です。

図表2-15　資本金証明の必要書類

	必要書類	備考
1	申請書	
2	企業登録証	
3	納税者番号証明書	
4	親会社からラオス商業銀行への振込み証明（AVIS CREDIT NOTE）とBANK STATEMENT	
5	借入金許可証、借入契約書、返済計画	借入金が有る場合
6	輸入許可証	物品による場合
7	輸入申告書（Bo40もしくはBo11）	物品による場合
8	イミグレーションでの現金申告書	現金での資本金持込みの場合

出典：「ラオス投資ガイドブック2016」JETROヴィエンチャン事務所

第4節 投資優遇措置

1 投資奨励優遇

　改正投資法第8条において、ラオス国内の投資奨励優遇を以下の3つに分類しています。

　①業種に基づく奨励優遇
　②地域に基づく奨励優遇
　③関税、税金、土地およびその他の奨励優遇

（1）恩典を受けるための条件

　改正投資法第9条で規定される奨励優遇分野への投資に関しては、最低でも1,200,000,000キープ（約1,800万円、約15万米ドル）の投資総額、または、ラオス人技術者を最低30名以上雇用する、もしくは労働契約を1年以上締結するラオス人労働者を50名以上雇用することが条件となっています（同法第9条第2項）。

（2）分野に基づく優遇（改正投資法第9条）

　改正投資法第9条では、奨励優遇業種を以下の通り規定しており、高度技術産業、省エネ、研究開発（R&D）、医療機関などが奨励業種として追加されている点が新しい点といえます。

　① 　高度で最先端な技術、科学技術の研究、研究および開発、テクノロジーの使用、環境に対する配慮、天然資源およびエネルギーの節約

② クリーンな農業、無農薬、品種生産、家畜改良、工芸作物栽培、森林開発、環境および多様性の保護、地方開発、貧困削減に資する事業
③ 環境に優しい農業生産物の加工業、国の伝統的、独自の手工芸業
④ 環境に優しく持続可能な自然、文化、歴史観光産業開発
⑤ 教育、スポーツ、人材開発（人的資源開発）、職業技術および職業訓練所開発、教材およびスポーツ用品の生産
⑥ 高度な医療施設、医薬品および医療器具製造工場の建設、伝統医薬品の製造と伝統医薬品による治療
⑦ 都市の渋滞緩和、居住地域整備のための公共サービス・インフラ施設への投資、運営、開発、農業、工業用インフラ建設、商品輸送サービス、越境サービス
⑧ 銀行融資を受けることが難しい貧困地域およびコミュニティに対する貧困解決のための政策銀行、マイクロファイナンス機関
⑨ 国内製造および世界的に有名なブランドの販売促進に資する近代ショッピングセンター、工業、手工芸品、農業分野の展示場

（3）地域に基づく優遇

改正投資法第10条では、以下の通り、地域の定義を定めています。

地域1　貧困地域、遠隔地、投資に対する社会経済インフラが整備されていない地域への投資[8]

地域2　社会経済インフラの整備がある程度進んでいる地域への投資

地域3　SEZへの投資

---

[8] ラオス政府が指定する47の最貧困郡を指すとのこと（計画投資省担当者回答）。47の最貧困郡は、以下のラオス統計局（Lao Statistics Bureau）ウェブサイトからチェック可能。http://www.lsb.gov.la

(4) 法人税優遇措置

改正投資法第11条では、以下の通り、法人税優遇措置の内容を定めています。2017年改正投資法では、旧投資法と同様に、奨励業種と地域による基準により、法人税免税の恩典内容を判断する内容となっています。

〈地域1　貧困地域、遠隔地、投資に対する社会経済インフラが整備されていない地域への投資〉

地域1への進出：法人税が10年間免除されます。改正投資法第9条で規定される②、③、⑤および⑥の分野への投資について、さらに追加で5年間免税措置を受けることができます。

〈地域2　社会経済インフラの整備がある程度進んでいる地域への投資〉

地域2への投資：法人税が4年間免除されます。改正投資法第9条で規定される②、③、⑤および⑥の分野においては、さらに3年間免税されます。

〈地域3　SEZへの投資〉

SEZへの投資：法人税の免税優遇措置は、各SEZでの規制に則り、適用を受けることができます。

なお、法人税免除期間は売上が発生した時点から算出されます（同法第11条）。上記に示す法人税免除期間が終了した後は、税法に従い法人税（24％）を納める必要があります。

図表2-16　旧投資法と改正投資法の法人税優遇措置の比較

旧投資法における法人税優遇措置の判定方法

地域	インフラ整備状況	奨励業種のレベル	法人税免除期間
地域1	未整備な地域	1 2 3	10年 6年 4年
地域2	部分的に整備された地域	1 2 3	6年 4年 2年
地域3	十分に整備された地域	1 2 3	4年 2年 1年

改正投資法における法人税優遇措置の判定方法

地域	インフラ整備状況	法人税免除期間	追加法人税免除期間
地域1	貧困地域、遠隔地、投資に対する社会経済インフラが整備されていない地域	10年 (第9条に定められる奨励業種への投資)	追加5年間 (・クリーンな農業、無農薬、品種生産、家畜改良、工芸作物栽培、森林開発、環境および多様性の保護、地方開発、貧困削減に資する事業 ・環境に優しい農業生産物の加工業、国の伝統的、独自の手工芸業 ・教育、スポーツ、人材開発（人的資源開発）、職業技術および職業訓練所開発、教材およびスポーツ用品の生産 ・高度な医療施設、医薬品および医療器具製造工場の建設、伝統医薬品の製造と伝統医薬品による治療）

地域	インフラ整備状況	法人税免除期間	追加法人税免除期間
地域2	社会経済インフラの整備がある程度進んでいる地域	4年 （第9条に定められる奨励業種への投資）	追加3年間 （・クリーンな農業、無農薬、品種生産、家畜改良、工芸作物栽培、森林開発、環境および多様性の保護、地方開発、貧困削減に資する事業 ・環境に優しい農業生産物の加工業、国の伝統的、独自の手工芸業 ・教育、スポーツ、人材開発（人的資源開発）、職業技術および職業訓練所開発、教材およびスポーツ用品の生産 ・高度な医療施設、医薬品および医療器具製造工場の建設、伝統医薬品の製造と伝統医薬品による治療）
地域3	SEZへの投資	SEZ関連法令によって判断	

2　関税および付加価値税に関する優遇

　ラオスへ投資する投資家は法人税の免税措置を受ける以外に、下記のとおり、関税および付加価値税の免税措置を受けることができます（改正投資法第12条）。

① 　国内で調達・生産することができない固定資産として登録される機器や生産に直接使用される重機等の車両について関税および付加価値税は0％課税とします。他方、化石燃料、ガス、重油、自動車、その他の機材などは関係法に従うと規定されています。

重機車両の一時的輸入については関税法により規定されると規定されています。
② 輸出向け加工生産品に使用する原料、機器、部品の輸入は輸入時に関税を徴収せず、輸出時に関税を免除されます。また、それらの物品に関する輸入時の付加価値税は０％課税と規定しています。
③ 輸出用の完成品や半完成品の製造のために利用される天然資源ではない国内原料の使用については、付加価値税は０％課税となります。

上記の通り、基本的に、建設資材および生産活動に直接利用される原材料、設備、機械、交換部品、車両の輸入にかかわる輸入関税および付加価値税は、関連当局に認可されたマスターリストに基づき免除されます。
　なお、マスターリストの作成方法および提出方法については、留意点が多くあり、専門家に相談されることが推奨されます。

3 その他優遇措置

（１）追加投資の場合の追加法人税免税措置
　事業拡大のため、ラオス法人で生じた純利益について、追加投資を行う場合、次年度法人税が１年間免除される可能性があります（改正投資法第14条）。

（２）繰越欠損金の適用
　損失を計上した場合、その損失を翌３年間持ち越して利益と相殺することができます（同法第14条）。なお、４年目以降は残存する損失を利益と相殺することはできません。

(3) 土地リースもしくはコンセッション費用の免除

改正投資法第9条に規定される奨励業種に投資を行う投資家は政府の土地のリースもしくはコンセッション費が免除される可能性があります（同法第15条）。

第5節 経済特別区（SEZ）

1 経済特別区の概要

　経済特別区（Special Economic Zone、以下、「SEZ」）に関する所轄機関とその活動は、SEZに関する首相令とその他の個別の規則によって定められております。現在、全国に12ヵ所のSEZが認可されており、整備および開発が行われています。SEZに関する法令は、2010年のSEZに関する首相令、SEZ管理委員会の組織および活動に関する首相令や各個別のSEZを規定する法令が存在しています。

　工業団地に近いSEZは、ヴィエンチャンではビタ・パークSEZ、サワンナケートではサワン・セノSEZ、パクセーではパクセー・ジャパン中小企業専用SEZ等が存在しています。

　他にSEZに関係する法律として、改正投資法では、これまで「特別経済区[9]」と「特定経済区[10]」に概念上分けられていた、いわゆる経済特区の概念を「Special Economic Zone」に統一しています。

　また、旧投資法では、SEZ開発やSEZ内での事業については、「ビジネスにおける競争力強化」という観点のみで記載がなされていましたが、2017年の改正では、より具体的な内容、つまり高技術、持続的発展・環境に良好な農産品生産、クリーンな生産活動、天然資源の節約・省エネルギーに関する技術革新の利用などに関連する投資誘致を奨励することを明確

---

9) 特別経済区の開発事業とは、新たな都市造りとしてのインフラおよび施設の整備に係る投資活動を意味しています（旧投資法第16条）。
10) 特定経済区の開発事業とは、個々の特定地域の現状や規則に基づくインフラおよび施設の整備にかかわる投資活動であり、工業団地、輸出加工区、観光ゾーンなどの開発事業を含んでいます（旧投資法第16条）。

第2章 ラオスの進出法務

図表2-17 ラオスのSEZ一覧

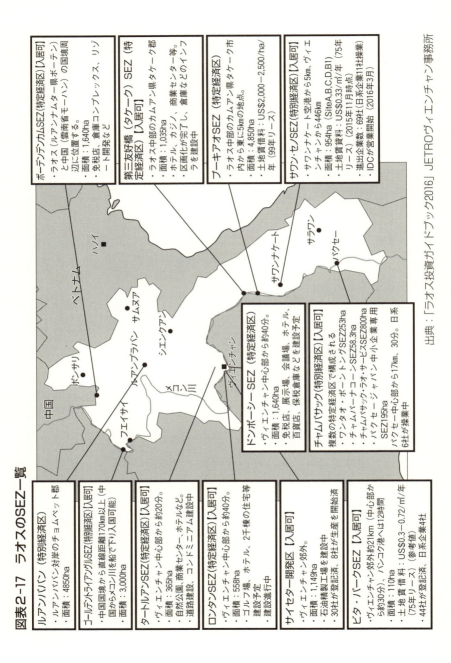

出典:「ラオス投資ガイドブック2016」JETROヴィエンチャン事務所

に規定しています（改正投資法第57条）。

　SEZは、政府の合意により設立された地域であり、工業団地、輸出加工地区、技術開発、情報、通信、サービス業、商業、観光業ゾーンから構成されています（同法第57条）。

　2016年より議論されていた経済特区法草案でも「特別経済区」「特定経済区」の概念の統一やSEZの目的の具体化などの内容がありましたが、経済特区法草案は次回の国民議会に提出されておらず、当該草案の内容が一部先行して反映されたかたちとなっています。今後、経済特区法が成立するか否かについては、その動向に注目していく必要があります。

2　SEZにおける優遇措置

　各経済特区では、国家経済特区委員会と当該経済特区の開発業者の間で独自に設定した優遇措置を供与しています。現在、多くの日系企業が入居している主要なSEZ（ヴィエンチャンのビタ・パークSEZ、サワンナケート県のサワン・セノSEZ、チャンパサック県のパクセー・ジャパン中小企業専用SEZ）では、図表2-18の優遇措置を付与しています。

図表2-18　ラオス主要経済特区の優遇措置

法人税免除	利益が発生する年度から2年から10年間（投資内容により変動）
法人税免除期間終了後の法人税率	8％または10％
所得税	サワン・セノSEZ、パクセー・ジャパン中小企業専用SEZ：5％ ビタ・パークSEZ：7％
法人税免除恩典後の配当税率	5％
付加価値税	0％（物品輸入時）
輸入原材料、事業用設備・機会などの輸入関税率	0％

　以下では、ラオスで代表的な3つのSEZの法人税優遇措置について解説します。

（1）　サワン・セノSEZの法人税優遇措置

　サワン・セノSEZでは、法人税免除期間は、投資分野や投資額によって、以下の通り内容が変動します（サワン・セノSEZの管理規則および奨励政策に関する首相令 第25条第6項）。

（2）　パクセー・ジャパン中小企業専用SEZの法人税優遇措置

　パクセー・ジャパン中小企業専用SEZについては、サワン・セノSEZと同様の規定が適用されます（2015年12月17日付パクセー・ジャパンSME工業団地特定経済区の投資優遇に関するレター（No.1068/S-NCSEZ））。

図表2-19 サワン・セノSEZ、パクセー・ジャパン中小企業専用SEZ 法人税優遇措置基準

セクター・投資額	法人税免除期間	免税期間終了後の法人税
a．製造業※1		
生産物の70％以上の輸出	10年	8％
ハイテク生産	10年	8％
生産物の30％から69％の輸出	7年	8％
生産物の0％から29％の輸出	5年	8％
その他	5年	8％
b．サービス業※2		
投資規模が200万USドル以上	10年	8％
50万USドル以上200万USドル未満	8年	8％
30万USドル以上50万USドル未満	6年	10％
15万USドル以上30万USドル未満	4年	10％
5万USドル以上15万USドル未満	2年	10％
c．商業セクター※3		
ラオス製品を外国に輸出する商務	5年	10％
仲介貿易、二ヵ国間貿易	3年	10％
一般商務	2年	10％

※1：製造業とは、原材料や部品等を新たな生産物に転換する生産・製造・組立・加工業、家具製造・車両組立・電子部品組立などを含む製造業を意味する。
※2：サービス業とは、サービスの対価を得ることを目的に、労働・ノウハウ・設備・車両・その他資産を利用して、他人にサービスもしくは役務を提供することを意味する。例えば、物流業、倉庫業、住宅建設業、観光業、銀行、保険、大学等。
※3：商業とは、販売目的で様々な原材料・商品・加工することなく元の状態で利用することを意味する。例えば、商品の輸出入業、卸業、免税店等。
出典：「ラオス投資ガイドブック2016」JETROヴィエンチャン事務所

（3） ビタ・パークSEZ

ビタ・パークSEZでは、法人税免除期間は、投資分野や投資額によって、以下の通り内容が変動します（2011年4月20日付ビタ・パークSEZの管理規則と投資促進に関する規定（No.036））。

図表2-20　ビタ・パークSEZ　法人税優遇措置基準

セクター・投資額	法人税免除期間	免税期間終了後の法人税
a．製造業[1]		
生産物の70%以上の輸出	5年から10年間	10%
生産物の30%から69%の輸出	5年から7年間	10%
生産物の30%未満の輸出	5年以下	10%
b．サービス業[2]		
投資規模が200万USドル以上	10年	8%
50万USドル以上200万USドル未満	8年	8%
30万USドル以上50万USドル未満	6年	10%
15万USドル以上30万USドル未満	4年	10%
5万USドル以上15万USドル未満	2年	10%
c．商業セクター[3]		
ラオス製品を外国に輸出する商務	5年	10%
仲介貿易、二ヵ国間貿易	3年	10%
一般商務	2年	10%

※1：製造業とは、原材料や部品等を新たな生産物に転換する生産・製造・組立・加工業、家具製造・車両組立・電子部品組立などを含む製造業を意味する。
※2：サービス業とは、サービスの対価を得ることを目的に、労働・ノウハウ・設備・車両・その他資産を利用して、他人にサービスもしくは役務を提供することを意味する。例えば、物流業、倉庫業、住宅建設業、観光業、銀行、保険、大学等。
※3：商業とは、販売目的で様々な原材料・商品・加工することなく元の状態で利用することを意味する。例えば、商品の輸出入業、卸業、免税店等。
出典：「ラオス投資ガイドブック2016」JETROヴィエンチャン事務所

コラム④ ラオスの経済特区法

　ラオスでは、経済特別区法草案（以下、「草案」）の起案が行われています。2017年4月19日時点では、10月10日時点の草案が最新版となっており、国民議会に提出されています。現在、特別経済区および特定経済区に関する首相令および各経済特区に対する首相令（以下、「首相令」）などで規定されていましたが、今回、法律に格上げされる予定となっております。

　今後、国民議会での協議により変更や修正が行われる可能性が高い状態ですが、現時点の改正のポイントを整理します。なお、施行時期については、現時点では未定となっています。

1　経済特別区の概念について

　草案によれば、今まで「経済特別区」「特定経済区」に分類されていましたが、「特定経済区」の概念が削除されています。また、今まではビジネスにおける競争力強化という観点のみが記載されていましたが、今回の草案では、より具体的な視点、すなわち①高度技術、②環境保護、③輸出促進、④新技術、⑤省エネという分野に資するような企業を誘致し、持続可能な発展と貧困解決に貢献することを目的としています（草案第2条）。なお、当該規定は、改正投資法の中で既に反映されています。

2　経済特区の開発者（デベロッパー）について

　デベロッパーについては、首相令では個人でも認められていました（首相令第3条）が、今回の草案では、法人であることが要求され、また新たに安定した財政基盤があることが要件として求められています（草案第11条）。その他、土地の利用制限（用地の80％以上を超えて事業目的で利用できず、20％は公園や公共地にする必要がある等）が課されています（草案第18条）。さらに、デベロッパーに対する税制恩典の内容も、投資家へ

の税制恩典（後述）と同様に、変更が行われていますので、注意が必要です。

3　サービス業に対する恩典について

首相令では、「サービス業」に対する定義規定や恩典が存在していましたが、今回の草案では、「サービス業」に対する記載が削除されている傾向にあり、「サービス業」に対する恩典は縮小もしくは制限される可能性が高いといわれています。今回の草案の目的は、ホテルやコンドミニアムの開発や観光など主な開発内容がサービス分野となっている経済特区の活動を制限する目的があるともいわれています。

4　税制恩典について

今回の草案では、下表の通り、税制恩典に関する内容の変更があります。今後、国民議会での議論内容によっては、変更される可能性もありますが、草案の内容をご紹介します。

	現行法	草案（第43条、45条）
法人税 （通常税率：最大24％）	利益が発生する年度から最大10年間免税 法人税免除期間終了後の法人税率： サワン・セノSEZ、パクセー・ジャパン中小企業専用SEZ：8％ ビタ・パークSEZ：10％	最大10年間免税（起算点については明記なし） 法人税免除期間終了後の法人税率：8％
配当税 （通常税率：10％）	5％	5％（変更なし）
所得税 （通常税率：最大24％）	サワン・セノSEZ、パクセー・ジャパン中小企業専用SEZ：5％ ビタ・パークSEZ：7％	外国人：10％ ラオス人：税法に従う
経済特区内取引における付加価値税 （通常税率：10％）	原則免税	電気代金、水道代、通信代については、5％に減税

第3章

ラオスの会社法・コーポレート・ガバナンス

第1節 会社法務

1 会社法に関する法制の概要

　会社に関する法律としては、2014年1月28日付改正会社法が存在しています。また、会社法は、国内企業と外国企業に同等に適用され、国内外の企業の資産や権利等を法的に保護する役割を担っています。

　また、会社法は主に、事業組織の形態や管理、機関、運営、解散等について言及しているのに加えて、会社名の登録方法等企業登録に関する複数の補足規定が伴っています。

2 株式

　株式に関しては、会社法第99条以下で具体的に規定されています。

　株式は2,000キープ以下の額面で発行することはできません（同法第99条）。現金もしくは現物での出資が可能で、現物出資については、評価額につき、発起人会議にて発起人の3分の2以上の承認を得る必要があります（同法第99条）。

　株式の引受人は、会社設立前に、現金による出資の場合には、引受総額の70％以上を振込む必要があり、現物による出資の場合には引受総額の100％を出資しなければなりません（同法第101条）。

　ただし、実務上は、企業登録および税務登録が完了しなければ、ラオス国内の商業銀行の法人口座が開設できないため、資本金の振込みは会社設立後しか行えない状態となっており、法律と実務が乖離しています。

　また、会社法上、会社設立後、30日以内に株券を発行する必要があり（同

法第106条)、株主名簿を作成する必要があります(同法第112条)。なお、株券や株主名簿はラオス独自のフォーム等はなく、会社独自に作成するのが一般的となっています。

(1) 株式の種類

会社法上、会社は種類株式の発行が可能であり、通常株式と優先株式を発行することができます(同法第99条4項)。また、実務上においても優先株式の発行が認められていますが、どのような優先株が発行できるかは会社法および当局の指導に従う必要があります。

(2) 株式の譲渡

株式は、定款や会社法により定められた制限内(例えば、書面による証拠が必要等)において、株券の引き渡しをもって、譲渡可能となっています(同法第109条、110条)。

(3) 増資・減資

会社法上、増資は特別株主総会での承認を経た上で実施することが可能となっています(同法第115条)。注意点としては、増資に際しては、増資後に中央銀行から増資証明を取得する必要があります。

また、減資は会社法第117条に明記される要件を満たせば、実施可能ですが、以下の要件を満たす必要があります。

- 減資後の1株あたり価格が2,000キープ以下にならないこと
- 減資後の資本金が登録資本金の2分の1以上であること
- 法令が定める資本金規制の金額を下回らないこと
- 株主総会の特別決議にて承認を得ていること
- 会社に対する債権者の異議がないこと

3　配当、資本準備金

（1）配当

　配当は、株主総会で承認を経た上で、特段定めがなければ出資比率に応じて分配されます（会社法第155条）。

　ただし、前年度からの累積損失がある場合には配当することができませんので、注意が必要です。上記規定に反して配当を行い、債権者が損害を被った場合、配当から1年以内に限り、債権者は株主に対し、配当金を払い戻すよう請求することができます（同法第155条2項、3項）。

（2）資本準備金

　会社法第156条では資本準備金に関する規定が定められており、年間の税引き後利益の10％を資本準備金として処理しなければならないとしています。ただし、実務上は厳格にチェックされていません。

　なお、当該資本準備金が、登録資本金の50％に達したときには、資本準備金への充当を停止することができます（同法第156条2項）。この法定資本準備金の他、株主総会決議により別途積立金を設置することも可能です（同法第156条3項）。

4　機関

　会社法に規定される会社機関は次の通り定められています。

図表3-1　ラオスの機関設計まとめ

	内容
株主	2人以上の株主（30人まで） ※一人会社の場合を除く
取締役	非公開会社：1名以上 公開会社：9名以上
取締役会	必要的設置機関 ※別途の定めがある場合または一人会社の場合を除く
監査役	非公開会社：任意的設置機関 ※総資産500億キープ以下のみ 公開会社：必要的設置機関

(1) 株主総会

①定時株主総会

　株主総会は会社にとっての最高機関となります。また、定時株主総会は年1回以上開催する必要があります（同法第141条）。

Q&A①　定時株主総会の開催義務について

Q　会社の定款に登記から3ヵ月以内に定時株主総会を開催し、その後は12ヵ月毎に定時株主総会を開催するという規定が記載されていますが、会社法上の「登記から3ヵ月以内の開催」は法定の義務かどうか教えてください。

A　会社法第141条において、「定時株主総会は最低でも1年に1回開催する必要があり、総会の開催頻度は定款に定めなくてはならない」と規定されているのみで、「登記から3ヵ月以内に開催」という規定は存在しないと理解しています。ラオス法弁護士によると、定款に「登記から3ヵ月以内に開催」と規定されている場合は、定款に従う必要があります。

なお、事業者は、年度末に会計を締めた後、翌年２月末までに財務諸表（貸借対照表、損益計算書、試算表、重要な税務関連書類を含む）と利益の用途や配当金の支払いに関する株主総会議事録を税務当局に提出する必要があると規定されています（改正税法第39条）。
　したがって、株主総会の開催時期に関しては、上記を考慮する必要がありますので、ご留意頂く必要があります。

②臨時株主総会

　臨時株主総会は、①取締役の過半数が株主総会開催に賛成した場合、②株主の訴えに基づいて、裁判所から株主総会の開催命令が出された場合、③払込済み株式の20％以上を保有する株主（ら）による要求があった場合のいずれかにより、いつでも召集することができます（同法第141条）。

　定時株主総会、臨時株主総会ともに、取締役会または取締役は株主に対して、開催日の５営業日前までに開催日時、場所、終了時間を通知し、かつ、必要書類を送付する必要があります（同法第142条）。

③普通決議の定足数・決議要件

　株主総会の定足数・決議要件や手続き等を定款に定めなくてはならないとされています。しかしながら、定款に記載がない場合は、会社法の条項が適用されることになります。会社法上、株主総会の定足数は、払込済み総株式の半分以上を保有する２人以上の株主の出席と定められています（同法第143条）。

　株主は株主総会に代理人を立てることができますが、株主総会開催前に委任状を取締役会または取締役に対し提出する必要があります。委任状に特に記載がない限り、代理人は委任者である株主が保有するのと同数の議決権を有するものとされます（同法第147条）。

　会社法は、１株１議決権の原則のもと、株主総会に出席する株主の議決

権の過半数の賛成が得られれば、普通決議は有効であると定めています（同法第148条）。

普通決議事項は、以下の通り規定されています（同法第154条）。

ア）定款や設立契約書の採用
イ）取締役の選任
ウ）監査役の選任
エ）取締役の報酬決定
オ）執行役、監査役、従業員等の給与決定
カ）会計事項、会社計画等の採用
キ）配当の分配方法　等

Q&A ②　株主総会の出席数について

Q　定足数を満たすためには、物理的に出席株主全員が参加する必要はありますか。

A　会社法上、株主が物理的に一堂に会する必要があるかどうかは、明確に規定されておりません。ラオス法弁護士によると、TV会議等でも出席とみなされますが、別途定款に記載することが推奨されます。また、議事録への署名については、その後、郵送で行うなどの対応でも問題ありません。

④特別決議の定足数・決議要件

特定の議案については、払込済み株式の80％以上を保有する株主が出席する株主総会において、株主総会に出席および出席した株主または代理人の議決権の3分の2以上の賛成を要求する特別決議が必要となります（同法第149条）。

特別決議が必要となる事項は以下の通りです。

ア）会社法で定める事項
イ）定款または設立契約書の変更
ウ）増資または減資
エ）合併または解散
オ）会社の事業の一部または全部の譲渡
カ）事業買収または譲り受け
キ）30人以上の株主が存在する場合に有限責任会社の地位を維持する場合

図表3-2　普通決議、特別決議の定足数、決議要件のまとめ

	普通決議	特別決議
決議事項	①取締役の選任、②取締役の報酬決定、③監査役の選任および報酬の決定、④定款や設立契約の採用、⑤会計報告の承認、⑥配当の決定　など	①資本金の増減、②合併、買収、③解散、会社清算、④定款や設立契約の変更、⑤資産売却　など
定足数	会社法では、払込済み総株式の半分以上を保有する2人以上の株主の出席	払込済み株式の80％以上を保有する株主の出席
議決	株主総会に出席する株主の議決権の過半数の賛成	株主総会に出席する株主または代理人の議決権の3分の2以上の賛成

出典：「ラオス投資ガイドブック2016」JETROヴィエンチャン事務所

第1節　会社法務

> **Q&A③　議事録の当局への提出要否について**
>
> **Q**　株主総会の議事録の登記の要否を教えてください。
>
> **A**　議事録の登記の要否に関しましては、特別決議に関する議事録は、決議の日から10営業日以内に企業登録に関する関係部署に登記する必要があります（会社法第149条）。ラオス法弁護士によれば、「登記」と書かれていますが、登記の制度は整っておらず、議事録のコピーを提出するのみです。一方、特別決議以外は、登記の必要はありません。

（2）取締役

①取締役の資格

　法的能力があり、破産による制限および横領の犯罪履歴のない自然人であれば、会社の取締役を務めることができます（同法第122条）。別途合意がない限り、取締役は株式購入をする必要はありません（同法第121条）。

　また、会社法上、国籍要件や居住要件等の制限に関する規定がなく、2017年3月時点では、外国人または非居住者であっても取締役を務めることが可能となっています。

②取締役の選任・解任・任期

　取締役の選任・解任は、株主総会の普通決議事項となっています（同法第123条）。解任のために十分な理由があり、株主総会の普通決議があれば、取締役を解任することが可能です（同法第123条）。

　取締役の任期は2年間であり、再任することができます（同法第125条）。

③取締役の人数

　取締役の人数は、非公開会社の場合1名以上選任する必要があります（同

法第125条)。

④取締役の権利・義務

会社法上、取締役は会社の代表者として、会社運営上の義務を履行していく必要があります。具体的には、会社の目的を達成するために会社の資本金を管理すること、会計管理を行うこと、従業員を管理すること等が課されています(同法第129条)。

(3) 取締役会

①取締役会の設置義務

会社法第134条によると、2人以上の取締役がいる会社は、取締役会を設置することが可能です。また、総資産500億キープ(約620万米ドル)以上の公開会社は、取締役会の設置および監査役最低1名の任命が義務付けられています(同法第134条)。

②取締役会の代表者

会社法上、取締役会の代表者を必ず選任しなければなりません(同法第134条)。また、副代表を別途選任することも可能です(同法第134条)。

③取締役会の権利・義務

取締役会の責務や手続きは会社定款に定められていますが、定款に明記されていない場合、会社法の条項が適用されます。取締役会は、会社法上、株主総会までの間の空席取締役の選任、会社管理計画の作成および株主総会への提案、定款等で定められる義務を執行していくことが要求されています(同法第135条)。

④取締役会決議

　取締役会の定足数は、取締役の過半数以上と規定されています。なお、取締役が2名しかいない場合の定足数は、2名となります（同法第136条）。

　取締役会の決議要件は、出席取締役の過半数の承認となります。また、会社法上、取締役会の代表者にキャスティングボードが付与されています（同法第139条）。

　なお、会社法上、定款等で規定しておけば、テレビ電話等による取締役会の開催は認められます（同法第139条）。

（4）　監査役

　ラオスでの監査役の設置義務は、公開会社と非公開会社によって処理が異なります。非公開会社の場合、基本的に監査役を設置する義務はなく、任意にて設置可能です。ただし、上述の通り、総資産500億キープ（約620万米ドル）以上の有限責任会社は、監査役の任命が義務付けられています（同法第134条）。

　他方、公開会社の場合、会社登録日から監査役を設置する必要がありますので、注意が必要です（同法第184条）。

　また、監査役は、①会社の取締役、執行役、もしくは従業員でなく、②会社の利害関係人でないことが要件となっています（同法第159条）。

　なお、株主は利害関係人ではないと規定されています（同法第159条）。

第2節　汚職防止法務の概要

1　汚職の状況・汚職防止/反汚職政策の実施状況

　1986年の新思考政策以来、25年以上、ラオス政治体制の変革、法制度の整備、政府執行部の改善、強化、市場メカニズムの採用により、法治国家の確立に向けて一歩一歩、前進しています。他方、社会の中の様々な歪みも生じ始め、課題として直面しています。その中でも、汚職は、様々な分野で、異なるレベルで発生しています。

　例えば、政府の執行部内、公共事業工事現場、あるいは職位の悪用等があげられます。このことは、国民の政府、公務員に対する信頼の低下につながります。そして、国民にとって、貧富の差の拡大が一番懸念されている点であり、汚職が政治改革に対して大きな足かせとなり、党の指導的役割、政府の統括にマイナスの影響を与え、政治システムの持続的発展を脅かすことが懸念されます。これらの状況に対応するために、ラオス政府は汚職を防止するための法律や規定を発布してきています。

　しかしながら、実情に十分適応できておらず、それらの運用に課題がある状態となっています。政府は、2007年に国家査察庁の中に汚職防止捜査機関を設立し、捜査のみならず、関連法および規則の普及、職員に対する指導により、汚職防止に取り組んでいます（汚職防止戦略2012年－2020年）。

2　汚職防止法および関連規制

　ラオスの汚職関連法には、以下のような規定が存在しています。
- 2003年5月19日付　ラオス人民民主共和国公務員規定に関する首相令

第2節　汚職防止法務の概要

（No.82）
- 2005年5月19日付　汚職防止法（No.03）
- 2005年11月9日付　刑法（No.09）
- 2007年7月2日付　国家査察庁法（No.02）
- 2012年12月4日付　2012年—2020年までの汚職防止戦略
- 2012年12月6日付　2020年までの汚職防止戦略の承認と公開に関する首相令（No.511）
- 2012年12月18日付　改正汚職防止法（No.27）

3　汚職防止法

汚職とみなされる行為（汚職防止法第11条）として、以下11項目が規定されています。特に、収賄、贈賄に関しては以下の通りです。

（1）汚職とみなされる行為　（汚職防止法第11条）

① 政府あるいは集団（共同）財産の横領
② 政府あるいは集団（共同）財産の搾取
③ 贈賄賄賂の供与（同法第14条）
- 個人の目的、利益のために、現金、財産、利益となるあらゆるものを自らあるいは第三者を通して直接的、間接的に職員へ提供する、渡すあるいは約束することにより、職員に職務上の行為をさせる行為を促す、またその行為をさせないようにすること。

④ 収賄賄賂の収受（同法第15条）
- 個人の目的、利益のために、職員が現金、財産、利益となるあらゆるものを自らあるいは第三者を通して直接的、間接的に受け取る、要求する、請う、約束することにより、当該職員が職務上の行為を実施する、あえて実施しない、またその行為をしないこと。

⑤　政府、集団（共同）あるいは個人の財産を奪うための地位、権力および職務の行使
⑥　政府または集団（共同）財産の略奪
⑦　政府、集団（共同）、個人の財産を奪うための地位、権力、職位の過度な行使
⑧　横領、建設技術、設計、計算書等の捏造
⑨　秘密の暴露、不正入札あるいは談合
⑩　文書の捏造、偽造
⑪　個人の利益追求のための文書の意図的な遅延、不適切な行為

（2）　職員の定義　（汚職防止法第２条）

同法の中で職員は以下のように定義されています。

　国家公務員（村長も含む）、企業の職員（ラオス人・外国人[1]）、外国人の職員（その国の代表として、ラオスで任務に就いている公務員）、国際機関の代表として職務を任命されてラオスで働く職員、あるいは該当機関から許可されてラオスで働く職員。

（3）　職員の禁止事項（汚職防止法第27条）

同法の中で職員の禁止事項は以下のように定義されています。

①　任されている業務にかかわっている個人や組織から直接的あるいは間接的に現金、品物、他の利益を受け取ること。そのような行為が、政府、社会に対する不利益となる、あるいは、ラオス国民の権利や利益を阻害すること。

---

[1]「外国人」の定義（2004年5月17日付ラオス人法第7条）：他の国の国籍を所持しており、任務のためにラオスに期限付きで短期・長期的に滞在している人のことを指します。

② 個人の利益のため、現金、品物、他の利益を直接的あるいは間接的に個人や関係組織に供与する行為は、政府、社会に対する不利益となる、あるいは、ラオス国民の権利や利益を阻害すること。

③ 実施業務において、それを阻害する行為（意図的に問題を起こす、遅延させる等）。

④ 関係組織に通知することなしに、ラオス国外の銀行に預金口座を作ること。

⑤ 自分の利益のため、個人企業の相談を受け、自身の決定権を行使すること。

⑥ 自分の利益のため、個人や組織の仲介人として活動すること。例えば、法的な手続き、プロジェクト実施、割り当てを受ける等。

⑦ 自分自身の責任において、職位を利用して、他人のためにお金を借りる、あるいは他人の保証人となり、銀行でお金を借りる行為。

⑧ 妻、夫、子供、近親者を組織の重要な地位につけ、汚職に導くようなこと。例えば、設立業務、監査業務、財務、会計業務、経営、在庫管理、購入、雇用業務等に就けること。

⑨ 個人、家族、親族、友人の利益のため、政府、共同（集団）の財産を不正に利用する、あるいは使用すること。

⑩ 法律や規定に従わず、現金や政府、共同（集団）の財産を娯楽に使用、職員や個人にプレゼントとして渡すあるいは配ること。

⑪ 政府の機密を漏らすこと。

⑫ 文書の捏造、不正処理、技術基準の捏造、入札にかかる談合。

⑬ 何か物事に対して不満をいったり、ネガティブな情報を広めたり、報告する人を弾圧すること。

⑭ 自分の利益のために、上層部や他の人の名声、地位、権力、職位を不正に利用する行為。

なお、公務員[2]規定に関する首相令の中でも、禁止事項が規定されています（同首相令第32条から37条）。自分自身が取締役等の重要な地位につきビジネスをすることを禁止する（特別な規定により関係機関から許可された事業以外）（同首相令第32条１項目）などがあります。

4　刑法について

（1）職務に対する不正

収賄と贈賄に関して下記の罰則があります（刑法第157条）。

- 賄賂を供与する人の利益のために、職員が職位を利用して現金を要求、請求、受け取る、あるいは賄賂と知っていてもらう場合、１年から３年の拘禁または賄賂（現金）の２倍あるいは賄賂（物等）相当の額の罰金が科せられる。
- 職員に対して、賄賂を供与した人あるいは賄賂を約束した人は、６ヵ月から２年の拘禁および賄賂（現金）と同等あるいは賄賂（物等）相当額の罰金が科せられる。
- 賄賂の額が大きい場合は、賄賂を受け取った人および供与した人は３年から５年の拘禁および賄賂（現金）の２倍の額あるいは賄賂（物等）相当額の罰金が科せられる。
- 仲介者として賄賂を収受・供与した人は６ヵ月から２年の拘禁および賄賂（現金）と同額または賄賂（物等）相当額の罰金が科せられる。
- 強要、脅されて賄賂を供与した人および賄賂を供与した後に執行機関に自白した人は賄賂を供与したとはみなされない。

2）公務員の定義は以下の通りです（同首相令第２条）。
　党、政府関連機関、中央、地方で採用された公的機関の職員、海外で国の代表として勤務する公務員および国家予算から給与と諸手当が出ている公務員。以下の公務員は除く（同首相令第３条）。
　上級公務員（官房長官以上）、軍隊、警察、国有企業職員、契約職員。

（２） 特定の違反

汚職とは、「指導者、管理職、技術者、国営企業職員、国家公務員、軍人、警察、村長、国から権限や職務を与えられたすべての人が、横領、汚職、贈賄、政府や集団（共同）の財産を悪用したり、自分自身、家族、親せき、友達、党員の利益のために、自身の権力を行使したりすること」であり、それにより、政府や集団（共同）の利益に損害を与えた場合およびラオス国民の権利に損害を与えた場合は、罰せられると規定されています（同法第174条）。

（３） 刑法の適用範囲

適用範囲は以下の通りです。

① ラオス領土内での適用（同法第３条）

同法はラオス領土内で効力をもちます。個人がラオス領土内で罪を犯した場合は、同刑法およびラオスの関連法により罰せられます。外交の上級代表や特別な地位を与えられた外交官がラオス領土内で罪を犯した場合は二国間の契約に則り、外交ルートで解決が図られます。

② ラオス領土外での適用（同法第４条）

ラオス領土外で罪を犯したラオス国民は、ラオスの刑法あるいは関連する法律の定める方法で罰せられます。

ラオス領土内に住んでいる居留外国人あるいは国籍を持たない人がラオス領土外で罪を犯した場合は、ラオスの刑法あるいは関連する法律で罰せられます。

ラオス領土外で罪を犯した外国人は、国家間の協定が定められている場合、ラオスの刑法で罰せられることになります。

5　今後の汚職防止への取り組み

2012年12月4日付で2020年までの汚職防止戦略および同年12月6日付で同戦略の承認と公開に関する首相令が布告されています。その中で汚職防止のためにさらに取り組むべき事項が規定されています。

① 公務員、軍隊、警察、企業の職員、一般市民に対する政治─理念教育。正しい道徳、モラルを持ち、法律や規則を尊重することを教える機会を増加させること
② 既存の汚職防止関連法の見直しと新規法令、規則の発布
③ 政府管理ネットワークの改善（公務員の役割分担の明確化、関税に関する法律、規定の遵守を強化、各省庁のネットワークや習慣的な業務の改善）
④ 汚職防止組織の業務内容改善、職員に対する教育等
⑤ 汚職に対する法の遵守強化（軽犯罪に対する指導、警告、懲罰、刑法、民事法）
⑥ 経済活動、成長に見合った、公務員の給与、福利厚生等の改善

6　慣習

ラオスにおいては汚職に対する例外規定は確認できず、法律により職員に対する現金等の贈答はすべて禁止されており、刑罰が科せられています（改正汚職防止法第14条、15条および刑法第157条）。

しかしながら、旧正月、クリスマス、会社設立記念日等の特別な日に、花やお菓子類が詰まったかごを渡すことは習慣的に行われています。これらの行為は、円滑な人間関係、祝福を表現する一般的な手段であり、便宜を図ってもらいたいというような意図とは関係なく行われています。また

このような行為は、今後も守っていくべき、よい習慣ととらえられています。

一方で、各省庁において「水代」と称して少額の現金を渡すことが常習化しています。ラオス語では「ラック　キウ（列を盗む）」といわれていますが、書類を待つ列を飛ばして優先してもらうように取り計らってもらう行為（上級職員への署名取り付け等）です。主に、一般市民が公務員に対して行うことが多く、給与が少ない公務員にとっては、お小遣を得る感覚であり、給与が少ないのは政府に問題があるとの認識から、渡すほうも貰うほうも自身が悪い行為をしているという認識は希薄だと思われます。

このような状況は政府も把握しており、社会保障制度の導入や福利厚生の見直し、最低賃金の見直し等を行った上、社会経済の発展による貧富の格差を是正しようと努めています。

第3節 撤退法務の概要

　撤退に関する法律は、会社法および破産法に規定されています。撤退には、会社法上に基づく解散手続きと破産法に基づく破産手続きの2通りが存在しています。

　ラオスでの撤退のケースでは、あまり多くはありませんが、ほとんどのケースで会社法上に基づく解散手続きが利用されています。なお、法令は存在するものの、あまり実務的に利用されているわけではなく、法律と運用実態が乖離しているケースが散見されますので、注意が必要です。

図表3-3　解散手続きの申請プロセス

	申請プロセス	条件／基準
1	取締役会決議／株主の特別決議	
2	解散趣旨書の提出	会社は商工省(駐在員事務所、支店の場合、計画投資省)に対して、解散趣旨書を提出する。
3	管財人の選定(会社法第170条)	選定について特別総会での決議が必要。
4	債権者への通知	新聞掲載が必要。
5	監査申請、税金決済	税務署にて監査を受ける必要がある。
6	監査証明書の発行	税務署より発行される。
7	商工省(計画投資省)	商工省もしくは計画投資省への閉鎖に関する届出を提出します。
8	解散、閉鎖証明書の発行	商工省もしくは計画投資省より発行。
9	銀行口座の閉鎖	
10	関連省庁への通知	

出典：「ラオス投資ガイドブック2016」JETROヴィエンチャン事務所

1 会社法上の解散手続き

会社は、株主総会の特別決議に基づいて会社は解散することができます（会社法第149条）。解散に関する手続きは、図表3-3の通り定められています。

手続きの期間としては、税務調査、監査によるところが大きく、明確に決まってはいませんが、一般的に半年～1年程度を要することが多くなっています。

2 破産手続き

ラオスでは、「破産法」が1994年10月に施行されています。破産法は、国家や債権者の財産に対する秩序ある保全方法について規定しています（同法第1条）。また、破産法はラオスで事業を行うすべての個人および法人に適用されます（同法第3条）。

破産手続きを行うためには、会社が①債務返済能力を有しない場合、②債権者が少なくとも20日以上の間隔を空けた上、3回以上の返済の通知を行っている場合、および③債務者が当該通知について署名をしている状態ですが、返済を行わない場合、債権者、会社の請求により、裁判所は、破産処理手続きを開始することができます（同法第5条～7条）。なお、日系企業で破産手続きが利用されたケースは未だに存在しないといわれています。

図表3-4　破産手続きの申請プロセス

	申請プロセス	条件／基準
1	債権者または会社代表者の破産手続き申し立て	（1）債権者による申し立ての場合、債権債務（例えば、債務者の未払いを証明する資料等）に関する証拠書面の提出が必要（破産法第6条）。 （2）会社による申し立ての場合、株主総会の通常決議が必要となる（同法第7条）。その他債務者リストや債務総額などを提出する必要がある。
2	裁判所による申し立ての受領	
3	裁判所による判決	申し立て受領日から7日以内に裁判所は申請者に決定を通知する必要がある（同法第10条1項）。
4	会社による状況説明書面の提出	裁判所の判決後、会社は15日以内に提出する必要がある（同法第10条2項）。
5	裁判所による協議の実施	裁判所の判決後、35日以内に裁判所の審議のための会議を行う必要がある（同法第10条3項）。
6	管財委員会の設置	裁判所は、管財委員会を設置する（同法第16条）。
7	債権者集会の実施	
8	破産手続き開始もしくは却下判決	
9	破産手続き開始の公告	公告の10日以内に、3日間続けてメディアに公示しなければならず、また各関連省庁や機関に送付しなければならない（同法第43条）。
10	清算委員会の設置	裁判所は、清算委員会を設置する（同法第38条）。
11	会社清算の開始	清算委員会は、裁判所の監督下にて、清算を開始し、主導する。
12	清算委員会による分配	債務弁済の優先権は以下の通り（同法第44条）。 1．従業員の給与 2．政府への債務 3．担保権が設定されている債務 4．担保権が設定されていない債務
13	残余財産の分配	残余財産がある場合、株主に分配する（同法第45条）。
14	破産手続き終了の公告	

出典：「ラオス投資ガイドブック2016」JETROヴィエンチャン事務所

第4章

ラオスの労働法務

第1節 ラオスの労働関連規制

1 労働に関する法制度の概要

　ラオスにおける労使関係、雇用、労働条件その他の労働関連事項は、憲法、投資奨励法、2014年施行の改正労働法等により規定されています。

　労働関連規制の中核であるラオス労働法は、1994年に制定され、2006年12月に改正版が公布されています。2006年改正においては、女子労働に関する制限の撤廃、雇用可能な最低年齢の引き下げ、時間外労働時間の上限引き上げ等、全体として、規制緩和が行われました。

　直近では、改正労働法が2014年1月28日に公布されています。この改正では、有期労働契約の期間制限やシフト制の導入等ラオス労働法をさらに国際基準に近づけることを目的としています。

図表4-1　ラオスの労働基本法令の概要（カンボジア・ミャンマー比較）

	ラオス	カンボジア	ミャンマー
労働条件の基準を定める法律	労働法（2014年改正）	労働法（1997年改正）	基本法は制定されておらず、個別の規制が労働法規として効力を有する
労働組合との関係を定める法律	労働法 労働組合法	労働法 労働組合法（2016年5月17日施行）	労働組合法
労使関係紛争の解決方法を定める法律	労働法	労働法 労働仲裁評議会に関する労働職業訓練省令	労働紛争解決法

第1節　ラオスの労働関連規制

	ラオス	カンボジア	ミャンマー
社会保障制度	社会保障法関連細則	国家社会保険基金法、関連細則	社会保障法
定年退職制度	原則として、男性60歳、女性55歳	法の定めなし	法の定めなし 公務員は60歳
監督機関	労働社会福祉省	労働職業訓練省	労働・雇用・社会福祉省
最大就業時間	8時間/日 48時間/週 休憩は、60分以上	8時間/日 48時間/週	業種ごとに異なる規制（原則1日8時間以内または1週間48時間以内（工場は原則44時間まで））
最低限の週休	週1日	週1日	週1日
祝日	9日（2016年度）	28日（2016年度）	16日（2016年度） 振替休日がないため、年によって変動
残業時の給与割増率	通常：150% 夜間：200% 休日、祝日：250% 休日、祝日かつ夜間：300-350%	通常：150% 休日・夜間：200% 祝日：100%	平均賃金の2倍以上
夜間労働時の給与割増率	115%	130%	平均賃金の2倍以上
試用期間	30-60日 試用期間中は、正規雇用時の90%分の支払義務	1か月-3か月	法令上の定めなし ただし、労働者管理局の雇用契約書サンプルに3ヶ月を超えない旨規定されている
有給休暇	年間15日（勤続12か月以上の労働者に適用）	18日/年（週48時間勤務の場合、勤続12か月以上の労働者が利用可）	年間10日（勤続12か月以上、かつ、各月20日以上勤務した労働者に対して適用）
解雇事由	正当な理由が必要	正当な理由が必要	正当な理由が必要

	ラオス	カンボジア	ミャンマー
就業規則の登録	従業員雇用時に登録が必要	従業員数が8名以上の場合には必要、7名以下の場合は任意	不要
社会保険登録	従業員雇用時に登録が必要（毎月納付が必要）	従業員数が8名以上の場合のみ（毎月納付が必要）	従業員数が5名以上（毎月納付が必要）

2　雇用契約

（1）　雇用契約

　2014年改正労働法（以下、「労働法」）上、雇用契約は、口頭または書面によって締結することができると規定されています（同法第77条[1] 1項）。

　ただし、一方または両方の当事者が法人または組織の場合、雇用契約は書面によって締結される必要があります（同法第77条2項）。

　また、雇用契約は、以下の内容を含む必要があります（同法第78条）。

①使用者及び労働者の氏名
②労働者の業務の範囲、権利、義務、責任及び職業的な義務の範囲
③労働者の給与又は賃金
④雇用契約の期間、契約の発効日及び満了日
⑤使用者及び労働者の住所
⑥給与又は賃金の支払方式
⑦労働者の試用期間
⑧労働者に対する福利厚生及びその他の方針
⑨勤務日、週休日及び公休日
⑩雇用契約満了時に労働者が受ける利益

1）本労働法の日本語訳文は、ヴィエンチャン日本人商工会議所と著者で共同で作成した改正労働法翻訳を基礎に作成しており、同訳文の著作権は著者に帰属します。

⑪その他両当事者が法律に従って必要と考える事項

(2) 雇用契約の分類

　雇用契約は、使用者と労働者との間の合意に基づき、有期または無期とすることができます（同法第76条1項）。2014年の改正前までは、有期雇用契約に関する期間の制限がありませんでした。この改正により、有期雇用契約の最大年数は延長を含み3年と規定され、3年を超えて勤続する労働者は無期雇用契約の労働者とみなされることとなりました（同法第76条2項）。

　なお、契約の更新については、契約満了時から60日以前に行われる必要があります。ただし、雇用契約の期間が事業期間または季節によって決定される場合は、使用者と労働者両者の合意に基づき決めることができます（同法第76条2項）。

> **コラム⑤**　**臨時スタッフの採用**
>
> 　ラオス労働法で定められる「労働者」とは、「関係法規及び雇用契約に定めるその他利益を含む給与または賃金を労働の対価として受領し、使用者の監督下で働く個人」と定義されています（同法第3条4項）。臨時雇用スタッフであったとしても、使用者の監督のもと、労働の対価として賃金を得るわけですので、臨時雇用スタッフも、ラオス労働法上の労働者の範疇に入ると考えられます。したがって、臨時雇用スタッフに対しても労働法の適用があります。
>
> 　雇用契約には、①有期および②無期の2つの契約方法が存在しています。「臨時雇用」ということは、一定期間に限って雇用契約を締結することが想定されますので、有期雇用契約を締結する必要があります。有期雇用契約の期間は、契約更新期間を含み3年を超えることはできません。契約期

間が3年を超える場合は、無期雇用契約とみなされるので注意が必要です（同法第76条2項）。

（3） 試用期間

労働法上、使用者は、労働者と雇用契約を締結した後、労働者が十分な能力を有しているかどうかにつき評価するために、試用期間を設けることができます（同法第79条1項）。

試用期間については、非熟練労働者については、30日間を超えることができません。また、特別な技術を必要とする労働者については、試用期間は60日間を超えることができません（同法第79条2項）。

試用期間中の賃金について、労働法上、試用期間の労働者は、給与または賃金の90％以上の支払いを受けるものとする、と規定されています（同法第79条5項）。

3　雇用の終了

（1） 有期雇用契約の終了

有期雇用契約は、使用者および労働者の合意により、または、当事者のいずれかによる契約違反があった場合に解除することができます。

使用者が契約違反を行った場合、使用者は、当該雇用契約の残存期間の給与、ならびに、契約および法律に定められたその他の手当を支払わなければなりません（労働法第80条2項）。

（2） 無期雇用契約の終了

使用者または労働者は、いつでも無期雇用契約を解除することができます。ただし、肉体労働に従事する労働者については30日以上、頭脳労働に従事する労働者については45日以上前までに、他方当事者に対して、事前

に通知を行う必要があります（同法第80条1項）。

（3） 使用者による契約解除

使用者は、次の場合、雇用契約を解除することができます。ただし、使用者は、当該労働者に対し、補償金を支払う必要があります（同法第82条）。

① 労働者が特別な技術を欠く場合、または、健康状態が悪く、医師の診断書を保有している状況において、かつ、使用者が当該労働者に対して、その能力および健康状態に応じた他のより適切な業務に就くことを許可したが、当該労働者が依然として役務を提供することができない場合
② 使用者が、事業所内の業務の向上を目的とした人員削減が必要と考え、組合、労働者代表または労働者の過半数との協議の後、労働管理局に報告を行った場合

また、労働者が下記に掲げるいずれかの違反を犯した場合、使用者は補償金を支払わず、かつ、労働管理局の許可を求めることを要することなく、雇用契約を解除する権利を有します（同法第86条）。

① 故意に使用者に対して損害を与えた場合
② 使用者から警告を受けた後に、事業所の就業規則または雇用契約に違反した場合
③ 4日間連続で、理由なく業務を放棄した場合
④ 事業所に対する故意の犯罪について、裁判によって禁固刑の判決を受け、かつ、収監された場合。ただし、事業所以外に対する故意の犯罪の場合は除く
⑤ 他の労働者、特に女性の権利を侵害し、すでに警告を受けていた場合

（4） 労働者による契約解除

労働者は、次の場合、雇用契約の解除を行うことができ、かつ、補償金の支払いを受けることができます（同法第83条）。

① 労働者が治療後もその健康状態が悪く、医師の診断書を所持している状況において、かつ、使用者がすでに当該労働者を新しい役職に異動させたが、当該労働者が依然として役務を提供することができない場合
② 労働者が複数回、雇用契約に基づき、使用者に対して不服を申し立てたが、解決がなされなかった場合
③ 職場の移転が労働者にとって役務提供することができない理由となり、労働組合または労働者代表および村から当該事項に関する証明書が発行されている場合
④ 使用者側からハラスメントもしくはセクシャルハラスメントを受けた、または、そのような行為の発生を使用者が無視した場合

（5） 解雇補償金

労働法は、上記(3)、(4)を理由とする契約解除があった場合、使用者は労働者に対し、「労働者の勤続年数にかかわらず」、当該労働者の契約終了前の月給の10％に勤続月数を掛けた金額を支払わなければならないと規定しています（同法第90条1項）。

もっとも、使用者による労働者の解雇のうち、労働法第88条に定められた不当解雇に該当する場合には、使用者は労働者に対し、当該労働者の契約終了前の月給の15％に勤続月数を掛けた金額を支払わなければならないとされていますので、注意が必要です（同法第90条2項）。なお、労働法第88条に定められた使用者による不当解雇とは、次の通りです。

① 十分な理由のない雇用契約の解除
② 使用者が直接的もしくは間接的に権力を濫用し雇用契約を解除した場合、または労働者の基本的な権利を侵害して労働者が業務を遂行できない状態にした場合
③ 労働者もしくは労働者代表から抗議を受けた後、使用者が雇用契約に違反したが、状況が解決されない、または何の変化もなく、その結果として労働者に退職を強要した場合

4 最低賃金に関する規定

(1) 最低賃金額

ラオスの賃金規定については、労働法第105条に加えて、労働社会福祉省労働局より2015年2月9日付で発行されたラオス最低賃金改正に関するガイドライン（No.808/LSW）に規定されています。

最低賃金は、当ガイドラインの発行により2011年に改正された626,000キープ／月（約78USドル）から、2015年4月1日より900,000キープ／月（約110USドル）へと増額されています。

図表4-2　ラオスの法定最低賃金比較（カンボジア・ミャンマー比較）

国名	最低賃金（2017年度）
カンボジア	月額153USドル（2017年1月から適用）
ラオス	月額900,000キープ（約110USドル、2015年4月から適用）
ミャンマー	日額3,600チャット（約3USドル／日、2015年9月から適用）

（2） 最低賃金の定義

当ガイドラインは最低賃金につき、政府が規定する最低限の給与または賃金を意味し、労働者の基礎的な生活を保証するための給付であると定義しています。

最低賃金の算定には、その他の諸手当（時間外労働賃金、手当、賞与、食費、宿泊費、送迎費、その他の褒賞金等）は含まれないので注意が必要となります。

（3） 適用対象

最低賃金規制の対象はあらゆる社会経済事業体の生産、サービス事業体で働く労働者、技術を持たず非熟練で専門性のない非正規労働者および家庭内労働者を対象としていますが、法律等で別途規定される国際機関で働く労働者は除くと規定されています。

Q&A④　キープの使用義務

Q 従業員への給与を現地通貨（キープ）で支払う義務があるのかどうか教えてください。義務がある場合、その根拠法を教えてください。

A 外貨管理法第10条２項に以下の通り、規定が存在しています。
「個人、法人、団体は、ラオス国内において、売買、商品への支払い、サービス料金の支払い、債務返済、給与支払い、政府に対しての支払いはキープで行わなければならない。また、価格設定、値札、広告等への表示価格、サービス料の表示などはキープである必要がある。ただし、政府からの許可がある場合は、その限りでない。」
　以上により、ラオス国内の給与支払いは現地通貨キープを使用する必要があります。

5 労働時間に関する規定

（1） 労働時間

労働時間については、1日8時間または1週間に48時間を超えることは認められていません（労働法第51条2項）。また、休憩時間は60分以上とし、労働時間に含めることはできません（同法第51条3項）。

（2） 時間外労働

使用者は、必要な場合には、労働者に対して時間外労働を要請することができます。ただし、労働組合、労働者代表または労働者の過半数の事前の同意を得ることが必要となります（同法第53条1項）。

時間外労働は、月45時間以内または1日3時間以内とし、連続して4日を超えて実施してはなりません。ただし、天災への対応、または、事業所に大きな損害をもたらす可能性のある事故のような緊急時については例外が認められる可能性があります（同法第53条2項）。

また、月45時間以上の時間外労働を課す必要がある場合、事前に管轄の労働管理局に許可申請し、当該事務所の労働組合、労働者代表または、労働者代表の過半数の合意を得ることで、月45時間以上の時間外労働を課すことができます（同法第53条4項）。

時間外労働を課した場合、使用者は当該労働者に対し、以下の割増賃金を支払う必要があります（同法第114条1項、第114条2項）。

① 17時から22時までの時間外労働については、通常の150％の割増賃金
② 22時から翌朝6時までの時間外労働については、通常の200％の割増賃金

なお、時間外労働の割増賃金は、給与または賃金支払額を26日で除し、さらに8時間で除した金額に割増比率および時間外労働時間を乗じて算出します（同法第114条3項）。

コラム⑥ 管理職に対する残業代

　従業員の管理職への格上げに伴い、役職手当をつけることによって、管理職については、残業代の支払いを廃止するケースがありますが、労働法の観点から問題があるのでしょうか。

　労働法第53条は、「使用者は、時間外労働の場合には必ず、労働者に対して、事前に業務の必要性を告知および説明をし、本法律に基づく時間外手当を支払わなければならない」と規定しています。そこで、労働法第53条にいう「労働者」に「管理職の従業員」が含まれるか、否かが問題となります。

　労働法第3条は、「労働者とは、関係法規および労働契約に定めるその他利益を含む給与又は賃金を労働の対価として受領し、使用者の監督下で働く個人をいう」と規定しています。したがって、本件従業員が、①使用人との関係で対価関係にあり、②指揮監督下で働いている場合においては、「労働者」と認定され、労働法第53条に従って、残業代を支払う必要があります。

　以上より、①・②に該当するケースの場合には、残業代の支払いを廃止することには問題があるといえます。

（3） 週休日または祝日労働

労働者は、週休日または祝日の労働について、通常労働日の時給の250％の割増時給を受け取る権利を有します（同法第115条1項）。

また、労働者は、週休日または祝日の16時から22時までの労働について、通常労働日の時給の300％の割増時給を受け取る権利を有し、週休日または祝日の22時から翌朝6時までの深夜労働については、通常労働日の時給の350％の割増時給を受け取る権利を有します（同法第115条2項、第115条3項）。

（4） 深夜労働

労働法上、深夜とは、22時から翌朝6時までの時間帯をいい（同法第61条1項）、深夜労働とは、深夜に連続して7時間以上行われるあらゆる形態の労働をいいます（同法第61条2項）。

なお、深夜に労働する労働者は、次に勤務を開始するまでに11時間以上の休憩を取る必要があります（同法第61条3項）。

また、深夜またはシフト労働の特別手当は、通常の労働日の時給の15％以上と規定されています（同法第116条1項）。

図表4-3　時間外労働、深夜労働に対する賃金割合一覧表

労働時間帯	賃金割合
（夜間労働ではない）平日における時間外労働（17時～22時）	150％
（夜間労働における）平日における時間外労働（22時～翌朝6時）	200％
週休日または祝日における時間外労働	250％
（夜間労働ではない）週休日または祝日における時間外労働（16時～22時）	300％
（夜間労働における）週休日または祝日における時間外労働（22時～翌朝6時）	350％
深夜またはシフト労働	時給の15％割増

出典：「ラオス投資ガイドブック2016」JETROヴィエンチャン事務所

Q&A⑤　6時から8時までの時間外労働について

Q　労働法には、早朝の時間帯（6時から8時まで）の時間外労働に対する割増賃金規定が存在しないので、どのように処理すべきか教えてください。

A　労働法には、通常勤務日の時間外労賃（同法第114条）および週休日・公休日の時間外労働（同法第115条）が規定されておりますが、いずれも早朝の時間帯（6時から8時まで）については、規定されておりません。そこで、労働社会福祉省労働管理局へ問い合わせたところ、以下の通りです。なお、様々なケースが想定されるため、場合分けしています。

ケース1　22時から翌朝8時まで働いた場合

6時から8時も22時から翌朝6時までと同様の割増率が適用されます。したがって、22時から翌朝8時まで勤務した場合は、200％の割増賃金を支払う必要があります。

ケース2　6時から18時まで働いた場合

6時から8時の労働については、通常勤務日の時間外割増率が適用されるため、6時から8時まで、および17時から18時までの時間については、150％の割増賃金を支払う必要があります。

ケース3　6時から15時までの勤務の場合

通常勤務とみなされ、時間外労働とはみなされないため、通常の賃金となります。

上記については、労働法に規定されていない、当局の回答によるため、今後変動する可能性があります。各ケースともに割増賃金の計算の方法については、雇用者と労働者双方の合意を事前に得ることが推奨されます。

6　休暇に関する規定

（1）週休日

労働者は、1週間に1日以上または1ヵ月に4日以上の休日を取得する権利を有します。

なお、日曜日または使用者および労働者の合意によってその他の曜日を休日にあてることができます（労働法第54条）。

（2）祝日

労働者は、次の祝日に、有給による休暇を取得する権利を有します（同法第55条1項）。

なお、祝日が週休日に当たる場合は、代替休日を与える必要があります（同法第55条2項）。

〈ラオスの祝日一覧（2016年度の例）〉

①正月	1月1日（1日間）
②国際女性の日（女性のみ）	3月8日（1日間）
③ラオス正月	4月中旬（3日間）
④国際労働者の日	5月1日（1日間）
⑤教師の日（教員又は教育管理者のみ）	10月7日（1日間）
⑥外国人労働者の各国の建国記念日	（1日間）
⑦建国記念日	12月2日（1日間）

さらに、7月20日の女性同盟設立記念日（1日間）が女性同盟法で規定されています。

慣習的休日（法律上休日ではありませんが、慣習上、事実上休日となっている日）は、以下の通りとなります。なお、年により日付が変動するこ

第4章　ラオスの労働法務

ともあります。

　①オークパンサー（雨安居明け）　　（1日間）
　②ヴィエンチャンボートレース　　　（1日間）
　③タートルアン祭　　　　　　　　　（1日間）

（3）　年次有給休暇

　1年以上連続して勤務した労働者は、15日間の年次有給休暇を取得することができます。使用者は、事前に、労働者の年次有給休暇取得日を定める、または、労働者と合意して年次有給休暇取得日を定める必要があります（同法第57条1項）。

　労働者が使用者側の理由によって年次有給休暇を取得できない場合、使用者は、未消化の年次有給休暇の日数分の100％分の金額で買い上げる必要があります（同法第57条4項）。

Q&A⑥　有給休暇の繰越について

Q　ラオスにおいて、1年間勤務して発生する15日間の有給休暇の繰越に期限はないのかどうか教えてください。

A　未消化分の有給休暇について、労働法第57条に以下のように定められています。

　「雇用者側の理由で労働者が有給休暇を取得できず未消化の有給休暇が発生した場合、雇用者は追加で賃金の100％の労働費を未消化日数分支払う必要がある（同法第57条4項）」

　上記の規定は、雇用者側の都合で有給休暇を消化できなかった場合に該当し、労働者側の都合で有給休暇を消化できなかった場合については、労働法では規定されていません。

この点について、労働管理局によると、「未消化の有給休暇の取り扱いに関しては、法律では規定されていないため、雇用者と労働者の合意のもと、定めることが可能」とのことです。

したがって、運用上、労働者側の都合で有給休暇を消化できなかった場合、以下の選択肢について、労働者側と話し合い、合意内容を書面化したり、就業規則に記載することが推奨されます。

① （有給休暇は年次で取得できる権利であり、1年のうちに消化するものと解釈し）繰越すことはできない
② 繰越すことができる
③ 未消化分を補償する

なお、労働者側の都合は、例えば、子供がいる家庭では、いつ子供が病気になるか予測がつかないため、いつでも対応ができるように、有給休暇をできる限り1年の最後まで残しておくこともあり、結果的に（子供が病気にならずに済み）有給休暇が残ってしまうというケースが想定されます。労働者側の様々な事情を勘案して、本点については、方針を決定する必要があります。

（4） 個人休暇

労働者は、次の各号に掲げる場合、3日間以上、有給による個人休暇を取得することができます（同法第58条1項）。

① 労働者自らの父、母、配偶者または子が負傷して入院し、かつ、他に看護をする者がいない場合
② 労働者自らの父、母、配偶者または子の死亡
③ 労働者自らの結婚
④ 労働者の妻の出産または流産
⑤ 労働者が自然災害に被災した場合

なお、個人休暇は年次有給休暇から控除することはできません（同法第57条3項）。

> **コラム⑦　3日以上の個人休暇の取り扱い**
>
> 　労働法第58条1項によれば、上記の通り、労働者は、要件を満たす場合、3日間以上、有給による個人休暇を取得することができると規定されています。では、4日目以降の個人休暇取得が要求された場合の処理については、どのように考えればいいでしょうか。
>
> 　労働法第58条には、「3日以上」という記載がありますので、ここでいう「3日以上」の意味が問題となります。この点、文言通りに解釈すれば、4日目の休暇を要求された場合、休暇を与えなければならないとも思われます。
>
> 　しかしながら、労働省の担当者によれば、3日以上、すなわち4日目以降の休暇については、雇用主がその可否を判断することができるという見解が示されています（2015年第9回日ラオス官民合同対話、労働省担当者発言）。
>
> 　ただし、官民合同対話での労働省担当者の発言が法律上どのような効力を発するか不明な点は否定できません。

（5）疾病休暇

　月給を得ている労働者は、診断書を提示した上で、1年間に最大30日間、有給による疾病休暇を取得する権利を有します（同法第56条1項）。日給、時間給、出来高払い制または請負による労働者は、90日以上労働した場合、傷病休暇を有給によるものとすることができます（同法第56条2項）。

　なお、本規定は、労働災害または業務上の疾患による疾病休暇には適用されませんので、注意が必要です（同法第56条3項）。

（6） 産前産後休暇

ラオス労働法では、出産の前後に原則105日以上の産前産後休暇を取得することができるとされていますが、このうち42日以上は出産後に取得しなければならないと規定されています。

また、使用者は産前産後休暇中の女性労働者に対し、通常賃金を支払わなければなりません（同法第98条１項）。

図表４-４　休暇に関するまとめ

項目	概要
週休日	１週間に１日以上、または１ヶ月に４日以上
祝日（公式）	年間９日分
年次有休休暇	年間15日（ただし、勤続１年以上の労働者のみに適用）
個人休暇	冠婚葬祭など家族に影響を与える事象や自然災害が発生場合、３日間以上 個人休暇は、年次有給休暇から控除不可
疾病休暇	医師の診断書がある場合において、最大30日認められる
出産休暇	原則105日以上（ただし、出産後42日以上の必要） 産休期間中は、通常賃金支払

出典：「ラオス投資ガイドブック2016」JETROヴィエンチャン事務所

７　労働組合、労働者代表に関する規定

10名以上の労働者を雇用する事業所は、労働者代表または労働組合を設置する必要があります（労働法第166条１項）。

草の根運動による労働組合が組織されている場合、当該労働組合の代表者が労働者代表となります（同法第166条３項）。

草の根運動による労働組合が存在しない場合、労働者は、独自の代表者を選任することができます。その人数は、労働者が10名－50名の場合は、１名、51名－100名の場合は、２名、以後、100名ごとに１名を追加することが要求されています（同法第166条４項）。

8　就業規則に関する規定

　実務上、労働者を採用した企業は就業規則を作成し、労働管理局に提出する必要があります。

　就業規則は、使用者と労働組合、労働者代表または事業所内の労働者の過半数との協議を経た上で受諾される必要があります（同法第63条2項）。

　なお、就業規則はラオス語で作成され、また外国人労働者がいる場合には、その母国語に翻訳しなければなりません（同法第63条5項）。さらに就業規則は、事業所内で周知徹底する必要があります（同法第65条）。

　就業規則に記載すべき内容は以下の通りです（同法第64条）。

① 事業所の勤務開始および終了時間、ならびに、事業所の所在地および（存在する場合は）責務
② 休憩、昼食休憩および勤務時間中に必要な休憩時間
③ 週休日
④ 傷病またはその他必要な理由による休暇の日数
⑤ 装具、道具および保護器具の使用法を含む、職場における労働災害および業務上の疾患を防ぐための規制および安全衛生基準
⑥ 労働紛争または懲戒処分の手続きおよび方法
⑦ 労働者への福利厚生および義務的規則

　なお、労働省での就業規則の登録までに要する時間は、担当者の状況や能力次第ではありますが、一般的に約3ヵ月から半年程度を要することが多い状態となっております。

9 社会保険制度に関する規定

　社会保障法は2013年8月20日に公布され、2015年7月24日付社会保障法実施に関するガイドラインが発布されています。これまでは、1999年12月23日付社会保障制度に関する首相令に基づき、社会保障制度が規定されてきました。この度、首相令から法律に格上げされたことに伴い、より詳細に条項が定められ、対象者の保護が厚く設定されています。社会保障制度の管轄は、労働社会福祉省の管轄下にある社会保障基金（National Social Security Fund, NSSF）となっています。社会保障の範囲は、病気治療、出産、年金、労働災害、身体障害、死亡、扶養家族手当、休職手当が含まれます（同法第9条）。

　対象者は、一般民間企業で働く使用者、被用者に加えて、国家公務員やフリーランス等も含まれます（同法第5条、10条）。

　今まで一般民間企業で対象者となっていたのは、10名以上の従業員を有する企業のみでしたが、今回の改正によって従業員の人数に関する規定は削除されました。実務上は、従業員の人数にかかわらず、雇用者および被用者の加入が義務付けられています。

　社会保障基金での登録には、以下が必要となります（同法第65条）。

- 使用者、被用者の個人情報に関する書類（指定フォーム有り）
- 被用者名簿（指定フォーム有り）
- 雇用契約書
- 登記証明

　社会保障基金は、書類受理後、30日以内に社会保障登録証明書を発給する必要があります（同法第66条）。

　ラオス社会保障制度上において、社会保険料は使用者と被用者の双方が

負担する形となりますが、使用者はグロス給与の6％を、被用者は5.5％を支払うことになっています（同法第55条、56条）。

　被用者の保険料は使用者が月給から控除し、使用者負担分とともに社会保障基金に銀行振込納付、もしくは直接支払いが可能です。

コラム⑧　社会保険料上限額、下限額の改正

　2016年4月25日に「社会保険料計算の対象となる月額給与の上限額および下限額に関する大臣合意」という通達が労働福祉省より発布されました。社会保険料の対象となる月額給与の上限額は、200万キープですが、2017年1月1日よりその額が450万キープに引き上げられています。

1　上限規定

　社会保険料計算の対象となる月額給与の上限額は政府が設定する最低賃金の5倍に引き上げられます。すなわち、上限額が450万キープ（最低賃金90万キープ×5倍＝450万キープ）となります。

2　下限規定

　社会保険料計算の対象となる月額給与の下限額は政府が定めた最低賃金90万キープとなります。

　なお同合意の適用時期は、2012年6月13日付No1851の合意と差し替え適用されるものとし、2017年1月より有効となっています。

　上記改正により、一般企業の場合、従業員1人あたりの雇用者負担額上限は27万キープ、従業員負担上限額は24万7,500キープとなり、企業の負担額が増加することとなります。

第1節　ラオスの労働関連規制

10　労働争議および労働仲裁に関する規定

労働争議は、使用者とその労働者が労働問題について合意に達することができない場合に生じます。労働争議は、以下の2つの態様に分類されます（労働法第147条）。

① 労働法、就業規則、労働規約、雇用契約、またはその他労働に関する規則の実施に関する争議（権利に対する争議）
② 労働者の使用者に対する新たな権利または利益要求に関する争議（利益に関する紛争）

労働争議の解決は、次に掲げる方法に従って行われます（同法第148条）。

① 和解
② 行政による紛争解決
③ 労働紛争解決委員会による解決
④ 裁判所による解決
⑤ 国際協約に則った紛争解決

図表4-5　労働紛争の解決方法

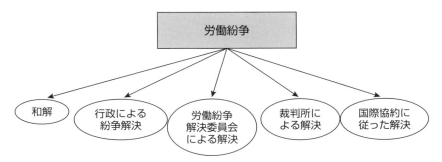

出典：「ラオス投資ガイドブック2016」JETROヴィエンチャン事務所

① 和解

　和解とは、同じ事業所における利益に関する紛争の、法律に則った、労使間における平和な手段による協議、交渉および和解による解決方法をいいます。和解を成立させる際は、事業所の労働組合または労働者代表が関与するものとします。解決の結果は、当事者の署名または拇印を押捺した書面によって記録する必要があります（同法第149条）。

② 行政による紛争解決

　行政による紛争解決とは、法律に従い、労働管理局によって行われます。こちらは、利益に関する紛争の解決方法を対象とします（同法第150条）。

③ 労働紛争解決委員会による解決

　労働紛争解決委員会による解決は、利益に関する紛争を対象とします。労働紛争解決委員会が当事者の一方または双方の申し立てを受理した際、委員会は、法律に則り、その役割、権利および義務に従って紛争を解決します（同法第151条）。

④ 裁判所による解決

　労働紛争が発生した場合、当事者の一方は、人民法廷または労働法廷に対して法律に則った解決を求めて訴訟を提起することができます（同法第152条）。

⑤ 国際協約に則った紛争解決

　国際的性格を有する紛争の解決は、労働管理局、労働紛争解決委員会への申し立ての前に、ラオス国を一方当事者とする協約または合意に基づいて解決することができます（同法第153条）。

第2節　外国人労働者の就業に関する規制

1　外国人労働者の受入れ

　使用者は、事業所内における人材配置計画を作成する際、ラオス人労働者を優先する必要があります。ただし、その需要をラオス人労働者で満たすことができない場合には、使用者は、外国人労働者の使用および雇用を申請する権利を有します（労働法第68条）。

　ラオス国内で働くことができる外国人は、20歳以上で、職位に応じたスキルと専門的能力があり、犯罪歴がなく、健康で、その他必要な条件を満たす者、と規定されています（同法第43条）。

　また、外国人労働者の雇用期間は、12ヵ月以下の期間で許可され延長を申請することも可能ですが、原則最大5年までとなっておりますので、注意が必要です（同法第45条1項）。なお、経営者、専門家については、別途考慮される可能性があります（同法第45条第1項）。

2　外国人労働者の割合規制

　事業所内の外国人労働者受入れ比率は、次の規定に従う必要があります（労働法第68条2項）。

① 　肉体労働を行う専門家は、事業所内の全ラオス人労働者数の15％
② 　頭脳労働を行う専門家は、事業所内の全ラオス人労働者数の25％

　なお、実務的には、2017年3月現在では上記要件を満たさなくとも労働

許可の発行が認められるケースが多い状態です。

3 外国人労働許可およびビザの取得手続き

　ラオスでの労働許可およびビザ（LA-B2ビザ）取得手続きの流れは以下の通りとなっています。

① 外国人従業員割当申請（フォーム１、労働社会福祉省への申請）
　　日数：約５営業日
② 入国ビザ申請に関する許可取得（外務省領事局への申請）
　　日数：約５営業日
③ 外国人従業員導入申請および登録（フォーム２、労働社会福祉省への申請）
　　日数：約５営業日
④ 滞在許可証申請（労働省社会福祉省への申請）
　　日数：約４営業日
⑤ 滞在許可証の申請（公安省外国人入国管理局への申請）
　　日数：約７営業日
⑥ ビジネスビザ（マルチプル）の申請（外務省領事局への申請）
　　日数：約４営業日

　必要書類は、以下の通りとなっています。

- 従業員リスト
- 申請者の雇用契約書
- 申請者の履歴書、パスポートの写し
- 健康診断書、卒業証明等（場合によって、要求される可能性有り）

第2節　外国人労働者の就業に関する規制

- 証明写真（3cm×4cm）　4枚
- 企業登録証の写し（労働許可・滞在許可申請時）
- 納税者番号証明書の写し（労働許可・滞在許可申請時）
- 入国ビザの写し（労働許可・滞在許可申請時）

図表4-6　労働許可証例

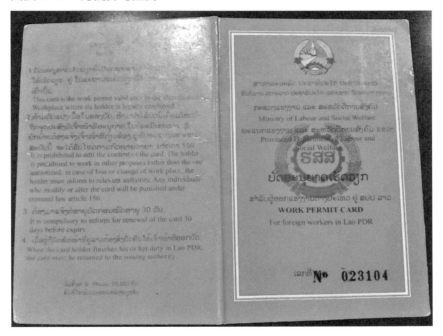

第4章　ラオスの労働法務

> **コラム⑨**　**投資家のワークパーミット**
>
> 　すべての「外国人労働者」は労働者ビザを取得する必要があります。他方、「使用者（雇用主）」「株主（投資家）」とみなされる場合、実務上ステイパーミットの取得のみで問題ないと考えられています。
>
> 　この点、労働法第3条3項において使用者とは、「給与または賃金を支払い、法および雇用契約に定めるその他利益を提供し、自らの活動のために、労働者を使用する個人、法人または組織をいう」と規定されています。そして、日本人管理職が、①ラオスの会社において、労働者を雇用し、賃金を支払っている立場にある場合、または②企業法第121条で規定する株主（投資家）に該当する場合は、日本人管理職は、労働法の下では「使用者（雇用主）」として区別されると解されます。
>
> 　よって、上記の①の立場、もしくは②会社法上の株主に該当しない場合は、労働法第44条において労働許可証の発行および外国人出入国管理法第19条において労働者VISA（LA-B2）の発給を受けることが規定されており、この場合は「労働者」として認定されることになります。

4　査証（ビザ）申請手続き

　公用を除く就業目的でラオスに入国するには、外国人投資家用のビジネスビザ（NI-B2もしくはI-B2）、または外国人労働者用の労働者ビザ（LA-B2）のいずれかが必要となっています。それらのビザを有し、パスポートの残存期間が6ヵ月以上ある者は、ラオス政府より設立・コンセッション契約の認可を受けた企業からの申請により、滞在許可証の発給を受けることができます。ラオスにおけるビザの種類は、以下の通りです。

- 外交官VISA（D-A1）

- 公務員VISA（S-A2）
- 夫婦VISA（SP-B3）
- 公用VISA（C-B1）
- 観光VISA（T-B3）
- 短期VISA（NI-B3）
- 長期VISA（I-B3）
- 永久VISA（P-B3）
- 専門家VISA（E-B2）
- トランジットVISA（TR-B3）
- ビジネスVISA（NI-B2もしくはI-B2）
- 学生VISA（ST-B2）
- プレスVISA（M-B2）
- 労働者VISA（LA-B2）

　60日以下の任務の場合、ラオス政府から任務の許可がおりたすべての外国人に対して、マルチプルビザが発行されます。また61日以上の任務で登録済みあるいは滞在許可証あるいはIDカードを有する場合には、複数回の出入国が可能なマルチプルビザが発給されます（2014年12月26日付外国

図表4-7　滞在許可とマルチプルビザの取得費用

滞在許可証	手数料	サービス料
3ヵ月（許可登録）	30万キープ	2万キープ
6ヵ月（許可証発行）	60万キープ	10万キープ
1年（許可証発行）	120万キープ	
マルチプルビザ	手数料	サービス料
3ヵ月	30万キープ	5,000キープ
6ヵ月	60万キープ	
1年	120万キープ	

出典：「ラオス投資ガイドブック2016」JETROヴィエンチャン事務所

図表4-8　国境地点一覧

No	ラオス側国境ポイント	県	相手国側国境ポイント	インフラ	アライバルビザ
1	ワッタイ国際空港	ヴィエンチャン都		国際空港	◎
2	ルアンパバン国際空港	ルアンパバン県		国際空港	◎
3	パクセー国際空港	チャンパサック県		国際空港	◎
4	サワンナケート国際空港	サワンナケート県		国際空港	◎
5	タナレン駅	ヴィエンチャン都	ノンカイ駅(タイ・ノンカイ)	鉄道	◎
6	バーン・ムアングモーム	ボケオ県	ヴァングプング(タチレク)(ミャンマー)	メコン川	×
7	ボーテン	ルアンナムター県	磨憨(中国)	RN13	◎
8	ラントゥイ	ポンサリ県	勐康(中国)	RN1A	◎
9	第4友好橋(フエサーイ)	ボケオ県	チェンコーン(タイ)	RN3　友好橋	◎
10	第1友好橋(ヴィエンチャン)	ヴィエンチャン都	ノンカーイ(タイ)	友好橋	◎
11	ナムグン	サイニャブリ県	ホアイコーン(タイ・ナーン県)	RN4A	◎
12	ナムフアング友好橋	サイニャブリ県	ルーイ県フィーターリー郡(タイ)	RN1	◎
13	パクサン	ボリカムサイ県	ブンカン(タイ)	RN13 S	×
14	第3友好橋(タケク)	カムアン県	ナコンパノム(タイ)	友好橋	◎
15	第2友好橋(カイソン)	サワンナケート県	ムクダーハン(タイ)	友好橋	◎
16	ワンタオ	チャンパサック県	チョンメック(タイ)	RN16	◎
17	ナムソイ	ホアパン県	タイホアン省ナーメオ(ベトナム)	RN6-PR217/QL 217	◎
18	ナムカーン(ノンヘッド)	シェンクワン県	ゲアン省(ナムカン)(ベトナム)	RN7/QL7	◎
19	ナムパオ	ボリカムサイ県	ハティン省カウチェオ(ベトナム)	RN 8/QL 8	◎
20	ナーパオ	カムアン県	クアンビン省ジャロー(ベトナム)	RN12/QL29	◎
21	デンサワン	サワンナケート県	クワンチ省ラオバオ(ベトナム)	RN9/QL9	◎
22	バンホック	ポンサリ県	ディエンビエンフー省タイチャン(ベトナム)	RN 4/PR 42/QL 279	◎
23	ブークア	アタプー県	コントゥム省ボーイー(ベトナム)	RN18/QL 40	◎
24	ノンノッキアン	チャンパサック県	トゥラピアングクヒアン(カンボジア)	RN13 S	◎
25	ララィ	サラワン県	クワンチ省ララィ(ベトナム)	RN15B	◎
26	ブードゥ・パーケオ	サイニャブリ県	ウタラディット県ブードゥー(タイ)	No.3612	×
27	ゴールデントライアングル	ボケオ県			◎

出典：「ラオス投資ガイドブック2016」JETROヴィエンチャン事務所

人出入国管理法第21条)。

　マルチプルビザの有効期限は滞在許可証あるいはIDカードの期限に制限され、一般的な投資家および外国人労働者には3ヵ月、6ヵ月、1年のいずれかの期限のビザが発給されます。ラオス政府と10年以上のコンセッション契約を有する投資家とその家族は3〜5年の長期滞在許可・マルチプルビザの発給が受けられます（2009年5月25日付外国人出入国管理に関する首相令（No.136）第15条）。なお、ビザの有効期限はパスポートの残存期限の6ヵ月前までに制限されています。

　滞在許可証とマルチプルビザの取得にかかる費用は図表4-7の通りとなっています（2012年12月26日付手数料・サービス料に関する国家主席令第32条、第34条、37条）。

　また、図表4-8の通り2017年3月現在27箇所の国境地点が存在しており、短期査証（アライバル・ビザ）については、各国境地点で申請し、取得することができます。ただし、国境地点によっては、アライバル・ビザが取得できない箇所があり、注意が必要です。

コラム⑩ タイ・ラオス間の陸路入国回数の制限

　タイ政府が、2016年12月1日付官報に告示した内務省令によると、タイ入国管理局は、タイと国境を接する国から査証免除措置を利用してタイへ陸路で入国する回数を暦年で2回までに制限するとのことです。目的については、「査証免除制度を使ってタイへの出入国を繰り返し（いわゆるビザラン）、実質上タイに長期滞在を行う者を規制する」と説明しています。

　今回の規制は、一般旅券所持者を対象としており、ラオスの長期滞在査証を取得し、ラオスに居住している外交旅券所持者、公用旅券所持者および国連レッセパッセ所持者は対象から除外されます。

　なお、例外的措置として、ラオスに居住している一般旅券保持者（企業駐在員（家族も含む）、ラオス永住者、ラオス人の配偶者として長期滞在者など）は、以下の通り査証を取得することで、年に2回以上陸路にてタイへ入国することができると規定されました。

1　査証の種類

(1)　シングル観光ビザ
- 申請費用1,000バーツ
- 写真2枚（パスポートの写真サイズ）
- 最大60日間滞在可能
- 有効期限3カ月（発行から3か月以内にタイに入国しない場合無効となる）

(2)　マルチ観光ビザ
- 申請費用5,000バーツ
- 最大60日間／回　滞在可能
- 6か月間有効

・有効期間　最大 6 ヶ月（発行から 6 ヶ月間は何度でもタイへ出入国可）

2　マルチ観光ビザ取得条件

⑴　パスポート（残存期間 6 ヶ月以上）
⑵　ラオスのビジネスビザ、ラオスの滞在許可証（ステイパーミット）あるいは労働許可証（残存 6 ヶ月以上）のコピー
※労働許可証等の残余有効期間が2.5ヶ月であれば、マルチ査証の有効期間は 2 ヶ月となります。（有効期間の設定は月単位）
⑶　本人の銀行ステートメント（20万バーツ以上の貯金があること）、また複数銀行（ラオス（キープ貯金でも可）・タイの銀行）の通帳の合算でも可）
⑷　ラオスにある所属会社からのレター（在職証明証）
⑸　申込書および写真 2 枚（背景は白、パスポートの写真と同じサイズ）

　ヴィエンチャンに居住する外国人は、週末にタイに買い物へ出かけたり、病院へ通院するケースが少なくありませんが、この措置は2016年12月31日より施行されており、陸路でラオスからタイへの入国を予定されている方は注意が必要です。なお、2017年 3 月現在において、タイとの陸路国境にて厳格に 2 回ルールが適用されているかどうかは現時点では確認できていません。

　2017年 1 月現在、外国人に開かれているタイとの国境地点（陸路）は以下の通りです。

ラオス側国境	タイ側国境
第一友好橋（ビエンチャン都）	ノンカーイ
第二友好橋（サワンナケート県、カイソーン）	ムクダハーン
第三友好橋（カムムアン県、ターケーク）	ナコンパノム
第四友好橋（ボーケーオ県フアイサーイ）	チェンコーン（チェンライ県）
ワンタオ（チャムパサック県）	チョンメック（ウボンラチャタニー県）
ナムグン（サイニャブリー県）	フアイコーン（ナーン県）
ナムフアン友好橋（サイニャブリー県）	ルーイ県
プードゥー（サイニャブリー県パークラーイ郡）	ウタラディット県バーンコーク郡

　もっとも、タイの病院へ緊急搬送しなくてはならないような場合、例外的として以下の配慮がなされています。

　「急病等でタイ国内の病院に緊急移送する必要が生じた患者が、既に同年中無査証でタイに 2 回入国していた場合の取り扱いについては、原則として、タイ入国管理局でも人道的配慮に基づき、無査証による入国を許可することになっています。その場合、入国審査官が急病患者であることを認識出来るようにする必要があります。一番簡単な方法としては、タイ側の病院から救急車を派遣してもらい、これに乗車してタイへ渡航する方法ですが、急患が私用車でタイ側に渡航しようとする場合には、急患であり、直ちにタイ側の病院において治療する必要があることを入国審査官に説明する必要があります」。今後、多くの弊害が出てくることが予想されるため、運用に注視が必要です。

第5章

ラオスの税務

第5章 ラオスの税務

第1節 税制概要

　ラオスにおける税制は、2016年5月に施行した改正税法および2015年7月に施行した付加価値税法が中核をなしています。
　ラオス税制の特徴としては、税制・省令等の規定自体が不明確なため、恣意的な解釈、運用が行われており、予見しえない事態に直面することも多い状態となっております。
　また、ラオス－日本間の租税条約が未締結であり、二重課税のリスクもあります。現在、ラオスが租税条約を締結している国は、タイ、ベトナム、マレーシア、ミャンマー、ブルネイ、中国、韓国、ロシア、ルクセンブルクとなっています。
　ラオスにおける税金の種類には、直接税と間接税が存在しています。直接税には法人税、所得税、環境税等があります。他方、間接税には、付加価値税や物品税等が存在しています。ラオスの税制概要は以下の通りです。

図表5-1　ラオスの税制概要

項目	税率	申告	備考
法人税	24%（タバコに関する企業は、26%）	四半期 年次 4月、7月、10月、1月各10日迄	最低税の適用は、2011年の税法改正により廃止
給与所得税	最高24%	月次 翌月15日迄	給与、賞与、手当のほか、現物支給も課税対象となる
付加価値税	10%	月次 翌月15日迄	輸出は適用なし。 インボイス方式が採用
源泉徴収税	5%から10%	月次 翌月15日迄	配当金の支払、ロイヤリティの支払、利息支払など
その他	－	－	関税、物品税、天然資源税など

出典：「ラオス投資ガイドブック2016」JETROヴィエンチャン事務所

第2節 法人税

1 法人税の概要

　ラオスの法人税率は、原則として24％の税率（タバコ関連産業は26％）となっています。ただし、政府または経済特区の優遇制度や、コンセッション協議・交渉により軽減税率が適用されるケースもあります。

　なお、最低税（利潤がなくとも売上高ベースで課される税金）は、2011年の税法改正に伴い、廃止されました。

　また、個人事業主や中小企業等で年間収入が4億キープ以下で付加価値税登録を行っていない事業体は、売上ベースのみなし課税制度（Lump-sum Tax）を適用することができます（税法第55条、みなし課税制度については、ここでは省略します）。

2 課税期間

　法人税の課税期間は、原則として1月から12月となっています（税法第42条）。

3 外貨建て取引

　すべての外貨建て取引は、銀行が示す為替レートによってキープ換算される必要があります。なお、未現実の為替差損は、損金算入できないので注意が必要です（税法第34条）。

Q&A ⑦　非居住法人の税務登録制度（TTPMC）

Q ラオスに非居住法人の税務登録制度は存在するのでしょうか。Temporary Tax Payment Monitoring Certificate（以下、TTPMC）という概念を聞いたことがありますが、どのような制度か概略を教えてください。

A TTPMCは「鉱山および電力事業分野における税金徴収管理体制に関する指示書364号（215年2月17日付け）」において、詳細に規定されています。

同指示書は、鉱山および電力分野において事業活動を行っている各事業体から、税金を確実に徴収し、脱税を防止するための管理規定です。鉱山および電力分野において、ラオスで事業を行っているラオス人および永住、あるいは一時的に居住している外国人の個人または法人を対象としています（同指示書第1条）。

TTPMCは、ラオスにおいて納税番号を取得していない外国の請負会社が、ラオス政府に許可された鉱山および電力プロジェクトの契約に従い、商品やサービスを提供する場合に、事前に取得する必要があります。また、請負プロジェクトごとに、TTPMCを取得する必要もあります（同指示書第4条）。

TTPMC申請に必要な書類は以下の通りです。

① 政府およびプロジェクトの事業主体である国営企業からのレター

② 請負契約書
　・メインコントラクターの場合：政府とのコンセッション契約書および請負契約書（公証要）
　・サブコントラクターの場合：コンセッション契約とメインコン

トラクターとの契約書および請負契約書（公証要）
・サブサブコンの場合：メインコントラクターとサブコンとの契約書および請負系契約書（公証要）
③ 会社設立書類（許可を出した国）
④ 責任者および会計担当者のパスポートコピー
⑤ 村長の署名済住所証明、事務所の位置がわかる地図および事務所電話番号、FAX番号
⑥ 事務所の賃貸契約書（なくても可）
⑦ 責任者の写真2枚（3×4㎝）
⑧ その他関連する文書

　TTPMC取得後に、タックスインボイス、会社印、ラオス国内における銀行口座開設許可を得ることができます（同指示書第4条）。
　各事業体は、税金の納税報告を政府に対して、月次、四半期、半期、年次あるいは必要に応じて提供すると同時に、元請けおよび下請け業者の数、事業に携わるラオス人、外国人労働者の人数などの情報も提供する義務があります（同指示書第5条、12条）。脱税や類似する行為や虚偽申告をした場合は、罰則が科せられますので、ご留意ください（同指示書第15条）。

4 益金、損金

(1) 益金、損金不算入項目

事業収益および損金は、ラオス会計法に従って計上される必要があります。下記の損金不算入項目に該当せず、事業によって発生した費用であれば、課税年度での損金参入が認められます（税法第34条、35条）。

図表5-2　主な損金不算入項目の一例（税法第34条）

損金不算入項目
法人税額、繰延税費用
固定資産購入にかかる付加価値税
企業資産として評価されていない減価償却費
従業員以外の個人に支払った給与
事業運営に直接関係しない経費（ゴルフ、接待、贈答品など）
企業オーナーなどの個人的な支出
適切なインボイスのない経費、費用の実際額を超過する支払い額
契約や証憑書類を各外部への支払
未実現為替差損
全ての種類の罰金　など

出典：「ラオス投資ガイドブック2016」JETROヴィエンチャン事務所

(2) 固定資産の減価償却費

減価償却費は、資産の種類ごとに定められた耐用年数により定額法に基づいて算出した額を損金算入できます（同法第36条）。なお、耐用年数を決定できない無形資産の減価償却費は認められません（同法第36条6項）。

図表5-3　固定資産の減価償却費率（定額法の場合、税法第36条）

固定資産の種類	償却率（定額法）
経済耐用年数が20年以内の工業用施設	5％
経済耐用年数が21年以上の工業用施設	2％
永久的な商業用および居住用施設	5％
半永久的な商業用および居住用施設	10％
工業用、農業用、手工業用、建設用の機器、掘削機、運搬車	20％
陸上、水上輸送車両	20％
業務用器材、工具	20％
事務用機器、備品	20％
船舶および航空機	10％
創立費、営業前費用	50％
試掘、探査、フィージビリティ・スタディの費用	20％
業務用ソフトウェア、ハードウェア　など	50％

出典：「ラオス投資ガイドブック2016」JETROヴィエンチャン事務所

（3）交際費、寄付金、旅費交通費、支払利息等

　交際費計上額のうち、売上の0.4％を超える部分は損金不算入となりますので、注意が必要です（同法第35条）。

　交際費と同様に、寄付金計上額のうち、売上の0.3％を超える部分は損金不算入となります。

　また、旅費交通費についても売上の0.6％を超える部分は損金として算入できません。

　なお、支払利息については、発生ベースで損金算入が可能ではありますが、株主に支払われたものは損金算入できないので、留意する必要があります（同法第35条）。

（4）繰越欠損金

　事業上の損失を計上した事業者は、①その損失が政府の監査機関または

監査法人の監査を受け、②税務当局に承認された場合、発生年度の翌年度以降3年間に繰り越して、それらの年度の課税所得と相殺することができます（同法第40条）。

5　法人税の申告、納税手続き

　法人税は原則として、前述の通り、1月から12月を課税年度として算定されます。ラオスでは、四半期ごとに法人税を前納し、年度末後に確定させる必要があります（税法第39条、42条あるいは改正会計法第8条）。最初の3回の納付期限は当該年の4月10日、7月10日、10月10日であり、最終納付期限は翌年の1月10日となっています（同法第39条）。

　四半期毎の納付額は納税者の選択により以下のいずれかに基づき計算されます。

① 　前年の法人税納付実績額
② 　各四半期の実際利益額
③ 　当年の法人税見込み額

　最終的な納付は、実績課税所得となります。法人税の過払いがある場合、繰り越して将来の法人税納付額から控除することができます。

　それに加えて、事業者は、年度末の後、翌年2月末までに財務諸表（貸借対照表、損益計算書、試算表、重要な税務関連書類を含む）と利益の用途や配当金の支払いに関する株主総会議事録を税務当局に提出しなければなりません（同法第39条）。

第２節　法人税

様式5-1　法人税申告用紙

ກະຊວງການເງິນ

|1. 事業税申告書|　|2. 月日（申告日）|

ໃບແຈ້ງເສຍອາກອນກຳໄລ　ວັນທີ： _____

ກົມສ່ວຍສາອາກອນ
ຫ້ອງການສ່ວຍສາອາກອນ　ໄລຍະມອບອາກອນ： |3. 課税期間|

ງວດ ___ ປີ _____ |4. ●年第●四半期（納付該当年と四半期）|

ເລກປະຈຳຕົວວິສາຫະກິດ：　_____ |5. 企業登録番号（企業登録証の９桁の数字）|
ຊື່ວິສາຫະກິດ：　_____ |6. 事業者名|
ທີ່ຢູ່：　_____ |7. 住所|

ຈຳນວນເງິນອາກອນທີ່ຕ້ອງຊຳລະສ່ວງໜ້າ： |8.| _____ ກີບ

ສະເໜີໃຫ້ທ່ານໃສ່ເຄື່ອງໝາຍໃນບ່ອນທີ່ກົງຂ້ອງເພື່ອອອກແຈ້ງວ່າ
ການຊຳລະເງິນອາກອນໃນຄັ້ງນີ້ແມ່ນອີງໃສ່：

☐ _____ ກຳໄລຂອງປີຜ່ານມາ |ア）前年の事業納付額|
☐ |あるいは| _____ ກຳໄລຈິງປະຈຳງວດ |イ）各四半期の実際の利益額|
☐ _____ ກຳໄລຄາດຄະເນຂອງປີການບັນຊີ |ウ）会計年度の事業税見込み額|

ຄຳແນະນຳ：

1. ໂດຍອີງໃສ່ມາດຕາ 48 ຂອງກົດໝາຍສ່ວຍສາອາກອນ. ຜູ້ທີ່ເສຍອາກອນກຳໄລຕ້ອງມອບອາກອນກຳໄລຕ້ອງມອບ
ອາກອນກຳໄລປະຈຳປີເປັນງວດ 3 ເດືອນການມອບອາກອນປະຈຳງວດຕ້ອງປະຕິບັດກຳນົດດັ່ງ：
ກ່ອນວັນທີ 1 ເມສາ, ວັນທີ 10 ຕຸລາ ແລະ ກ່ອນວັນທີ 10 ມັງກອນ ຂອງປີຕໍ່ໄປ. ສະເໜີໃຫ້ທ່ານແຈ້ງ
ໄລຍະຂອງການແຈ້ງອາກອນໃສ່ບ່ອນໄລຍະມອບອາກອນທີ່ທ່ານໄດ້ອ້າງເຖິງນັ້ນເຊັ່ນ： ເດືອນ ມັງກອນ ເຖິງ |1995年制定の税法48条|
ມີນາ 2000 ເດືອນ ເມສາ ຫາ ເດືອນ ມິຖຸນາ 2000. |（改正税法38条事業税納税の説明）|

2. ໂດຍອີງໃສ່ມາດຕາ 48 ຂອງກົດໝາຍສ່ວຍສາອາກອນ. ຜູ້ເສຍອາກອນຕ້ອງໄດ້ມອບອາກອນກຳລັດສ່ວງໜ້າ
ງວດໂດຍຄິດໄລ່ອາກອນກຳໄລບົນພື້ນຖານຂອງບົງສິ້ນຂອງກຳໄລໃນປີຜ່ານມາ ຫລື ພື້ນຮອບສິ້ນກຳໄລຄາດຄະ
ເນຂອງປີການບັນຊີ ຫລື ກຳໄລຕົວຈິງທີ່ເກີດຂຶ້ນພາຍໃນງວດ.

ຂ້າພະເຈົ້າຂໍຢັ້ງຢືນອາຫຍັກຊື່ມູນທີ່ໄດ້ແຈ້ງໃນເອກະສານສະບັບນີ້ແມ່ນຖືກຕ້ອງກັບຄວາມຈິງທຸກຢ່າງ.

ຊື່ ແລະ ລາຍເຊັນຂອງຜູ້ແຈ້ງເສຍອາກອນ

_____

ຈຳນວນເງິນທີ່ໄດ້ຈ່າຍໃຫ້ຄັງເງິນ： _____ ກີບ |9. 今月の納税額（○○キープ）|
ຈຳນວນເງິນອາກອນເປັນຕົວໜັງສື _____
ເນື່ອງຈາກຊຸມນີ້ຮັກສາໄວ້ສະເພາະເຈົ້າໜ້າທີ່ຄັງເງິນ.
ບ່ຽນຢາວ່າໄດ້ຮັບເງິນຄົບຖ້ວນແລ້ວ　　ວັນທີຮັບເງິນ　　ລາຍເຊັນພະນັກງານຄັງເງິນ

127

第3節 源泉徴収税

ラオスでは、特定の支払いについて以下の税率で、所得税相当の源泉徴収税が課されます（改正税法第48条）。

- 配当金の支払い　10％
- 利息の支払い　10％
- 特許権、著作権、商標権等のロイヤリティ支払い　5％

また、非居住者である外国法人への支払いを行う企業は、以下の通り、法人税相当の源泉徴収を行う必要があります（同法第39条）。

法人税(法人税相当の源泉徴収税)＝課税所得×みなし利益率×法人税率(24％)（同法第32条）

図表5-4　事業種類別みなし利益率（改正税法第33条）

事業の種類	支払総額に対する比率	
	みなし利益率	法人税 (みなし利益率の24％)
製造業（農業、工業）	3％	0.72％
商業	5％	1.20％
サービス業		
1　運輸・旅客業	5％	1.20％
2　建設・修理業	10％	2.00％
3　木材売買、森林資源調査、鉱業	20％	4.80％
4　植林の伐採、売買業	5％	1.20％
5　赤土・黒土、砂利、砂の掘削を含めた盛り土サービス業	15％	1.92％
6　娯楽サービス業	25％	6.00％
7　法律、ビジネス、エンジニアに関するコンサル業	10％	2.40％
8　代理店、仲介業	20％	4.80％
9　土地開発・建物販売業	20％	4.80％
その他のサービス業	10％	2.40％

第4節　給与所得税

1　給与所得税の概要

給与所得に対する所得税は、0％から24％の累進課税となっています（その他所得については、5％または10％）。

なお、個々の投資案件においては、政府との協議、交渉により軽減税率が適用されているケースもあります。また、SEZへの進出の際には、給与所得税の減税を受けることができます。詳細は、第2章第5節をご確認下さい。

2　納税主体

ラオス税法では、居住者、非居住者の定義が明確に記載されていません。改正前税法には、居住者の定義が180日以上という定義がありましたが、改正に伴い削除されています。

税法第45条では、ラオス国内で就業する外国人に対しては、全世界課税が適用される旨の規定があり、明確な定義がないため、税務当局より恣意的に、全世界所得課税を受ける可能性がありますので、注意が必要です。

3　課税所得

課税対象となる給与所得には、給料、賃金、残業代、各種手当、賞与、住居手当、役員報酬、その他の経済的利益（現物支給含む）が含まれます（税法第46条）。

4　給与所得税の計算と申告納付

　課税給与所得の金額は、雇用契約に従った給料、賃金、残業代、各種手当、賞与、役員報酬等の現金支給額と現物支給価額、その他の経済的利益の金額の合計として計算されます（税法第49条）。外貨建て所得は、計算日の為替レートを基礎にキープ換算して計算されます。

図表5-5　給与所得に対する累進課税（税法第48条）

月次所得	計算の基準	税率
1,000,000キープ以下	100万キープ	0％
1,000,001キープから3,000,000キープ	200万キープ	5％
3,000,001キープから6,000,000キープ	300万キープ	10％
6,000,001キープから12,000,000キープ	600万キープ	12％
12,000,001キープから24,000,000キープ	1,200万キープ	15％
24,000,001キープから40,000,000キープ	1,600万キープ	20％
40,000,001キープ以上		24％

出典：「ラオス投資ガイドブック2016」JETROヴィエンチャン事務所

　給与所得税は雇用者によって毎月源泉徴収され、図の申告用紙に納税額を記載の上、翌月15日までに税務当局に納付される必要があります（同法第50条、51条）。

第4節　給与所得税

様式5-2　給与所得税の申告用紙

［フォーム画像：税金申告書（ラオス語）に日本語注釈付き
- 1．売上税申告書
- 2．国内物品税（商品の種類／製造品／サービス、価格、サービス、税額、納税額）
- 3．所得税（雇用者総数、全給与および賃金、現物支給（現金以外の経済的便益）、32＋33、納税額）
- 4．3種類の納税総額］

1．**売上税申告書（01～14）**
　現在は付加価値税に置き換えられた。VAT（付加価値税）は別途申告用紙がある。
2．**国内物品税（21～23）**
　特に物品、製造品、サービスの販売による収入を申告する。輸入にかかる物品税は輸入関税申告書で申告する。
22、23は税務局が記入する。
3．**所得税（31～37）**
　32は現金で支払う給与および労賃の総額を、33に現金以外の現物で支給する経済的便益に対する費用を記入する。34にて支払わなくてはならない給与総額および経済的便益費用（32＋33）を記入する。35は支払い全額を記入する。36、37は税務局が記入する。
4．**3種類の納税総額（41～43）**
　41支払う必要のある3種類の税金（売上税・国内物品税・所得税）の総額を記入する。42、43は税務局が記入する。

131

第5節　付加価値税

1　付加価値税の概要

　付加価値税（以下、「VAT」）は従来の取引高税（Business Turnover Tax）に代わるものとして、2010年1月1日より導入されています。付加価値税に関する事項は税法とは別の付加価値税法により規定されており、2015年7月13日付けで改正付加価値税法（以下、「VAT法」）が公布されています。

　VATは、ラオス国内において創出された付加価値を課税対象とする税金です。最終的な税金の負担者は、付加価値税を含む物品やサービスの最終購入者となります。

2　納税義務者

　VAT法上、以下の事業者は付加価値税の納税義務を負います（同法第31条）[1]。

- 年間4億キープ以上の売上のある事業者
- サービスの輸入者（輸入の目的、頻度は問わない）
- ラオスで税務登録をしていない非居住者でラオス国内でサービスの提供を行っている者

---

[1] 改正VAT法日本語訳文は、日本貿易振興機構（ジェトロ）ヴィエンチャン事務所が著者と共同で作成したものであり、著作権はJETROヴィエンチャン事務所に帰属します。

なお、売上が年間4億キープ未満の事業者でも、一定の要件を満たせば任意で付加価値税の登録を行い、VAT対象事業者となることができます（同法第34条）。

3 税率と非課税取引

VATの税率は以下の通りとなっています（税法第16条）。

- 国内取引及び輸入取引:10%
- 輸出取引: 0 %

以下の通り、VAT法第12条に記載のある農業教育、金融や医療等に関する一定の取引に関して、VATは非課税とされています。

- 未加工の、または皮が剥がされている、粉砕されている、燻製になっている、製粉されているといったような予備処理のみ実施されている農産物の輸入、販売
- 体全体、または体の一部を含む、生きている、あるいは死んだ状態のあらゆる種類の動物で、新鮮な盛り付け、または無腐状態の形態のものを含む未処理状態または予備処理のみが実施されているもの
- 産業用、果実用、医療用の植林ならびに栽培用の供給品
- あらゆる種類の作物の種、繁殖用の動物、動物用飼料ならびにワクチン、動物用飼料製作において使用する、ならびにワクチンの生産用に使用する原材料の輸入および販売
- 有機肥料の生産において使用される原材料、農産処理製品、有機肥料、生態系、ならびに人間や動物の健康および命に対して危険性がない肥料、および殺虫剤

- 農業活動において使用される機材および機器の輸入、販売
- 国家による研究、試験、科学的解析、ならびに国家により認可された事業者による解析、試験を目的とする化学物質の輸入
- 印紙または切手の輸入および販売
- 飛行機、ならびに国内および国際航空輸送において使用される機器の輸入
- 国際航空輸送で使用される燃料、その他の油、および国際航空輸送サービスを提供する飛行機に搭載される補充品
- 大使館、国際条約協定、ラオス人民民主共和国が公認する国際組織により公式に使用される商品、および関連官庁により事前に認可された商品の輸入
- 関連省庁から認可されている教育活動に寄与するコンピュータ、プロジェクタ、およびその他の近代的な教育機器を含む学習および教育教科書、近代的な学習、教育機器の輸入、販売
- 政治的政策について報道し、政治的義務を果たすと認めらている新聞、政治的雑誌、非営利、非嘲笑的かつ非刺激的なテレビならびにラジオ番組
- 保育園、幼稚園、初等学校、中等学校、専門学校、職業訓練所、短期大学、学会、および大学といったような組織により提供される教育サービス
- ラオス人民民主共和国の中央銀行により認可されている商業銀行または金融機関における預金および貸付利子
- ラオス人民民主共和国の中央銀行、またはそれにより認可されている者による紙幣を確保するために輸入される金の延べ棒、または紙幣または貨幣の輸入
- 健康保険、生命保険、家畜保険、ならびに植樹保険の提供
- 人間および動物の検査、治療、および診断

- 伝統的な薬剤、動物用医薬品、人間または動物への移植用の人工臓器、人間の血液、ならびに支援用機器、身体障害者および高年者用の車椅子の輸入、販売
- 病院、保健所における公共サービス医療道具、機器、診断機器の輸入、販売
- 国家当局および専門的な業務、公共の利益に仕える市民団体による消防車、救急車、修理設備を搭載した車両、野外テレビおよびラジオ放送車両、その他の専門車両の輸入
- 管理業務に使用される車両を除く国防、公安に仕える車両
- 相続した遺産を除く、海外において業務上の成果をあげた学生、公務員、外交官、ならびに国内に永住を希望する外国人の、選ばれた、そして個人的な所有品および贈与品の関税法に基づいた輸入
- 政府が締結した合意、協定、契約により定義された補助事業に供給される商品およびサービス

Q&A⑧　コンセッション契約におけるVATの取扱

Q　コンセッション契約を結べばVAT免税恩典が受けられると聞きましたが、サブコントラクターとサブサブコントラクターとの取引に関する免税措置についても、コンセッション契約に明記してもらえればVATは免税になるのでしょうか。

A　改正付加価値税法第11条において、付加価値税が課税となる商品やサービスについて、「ラオス人民民主共和国（以下、ラオス）内に輸入された商品、ラオス国内で供給される商品や提供されるサービス、ラオス国内に居住していない人からのサービスの提供、ラオス国内に登記されていない法人や団体によるサービス提供を含む。ただし、第12条および第16条２項を除く」と定めています。

改正付加価値税法第12条24項において、「政府と外国との間で締結した契約、協定、合意により定義された無償資金協力事業において供給される商品およびサービス」に関しては、VATは免除されることとなっていますが、コンセッション事業は必ずしも無償資金協力事業には該当しません。

したがって、コンセッション契約におけるVAT恩典内容は、VAT法や投資奨励法等に基づくものではなく、具体的な内容は、個別のコンセッション契約で定められることになります。

以上のことから、サブコントラクター以下への免税措置については、コンセッション契約に明記できるよう、契約締結前に事前に十分に交渉すべきだと考えます。

4　納付額の計算、申告納付手続き

VATについては、課税売上に伴う受取と課税仕入に伴う支払を行い、原則としてその差額を納付、繰越または還付請求することになります。

VAT登録業者は、VAT登録証の受領以降、月次VAT申告書を翌月15日までに税務当局に提出し納付する必要があります。申告書の提出はVATの受払いや納付額が一切ない月でも同様に行う必要があります（VAT法第37条）。

輸入業者は関税の申告時に輸入VATも合わせて申告し、納付する必要があります（同法第37条）。

以下で記載事項を解説します。

（1）納税者情報

様式5-3に以下の事項を記入する必要があります。

第5節　付加価値税

様式5-3　VATの申告用紙

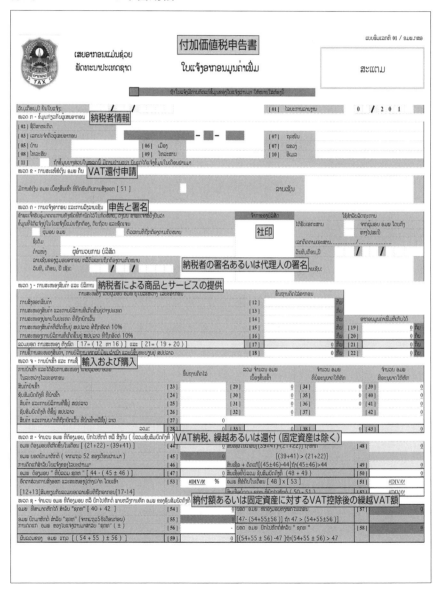

第5章　ラオスの税務

申告日
01　申告月
02　企業名
03　納税者番号（納税者番号登録証に記載されている12桁の番号）
04　通りの名前
05　村の名前
06　郡の名前
07　県の名前
08　電話番号
09　FAX番号
10　E-mail
11　（納税者情報変更時の記入欄）

（2）VAT還付申請

　輸出取引にかかる課税は0％であるため、輸入通関時に課税された税金の還付申請を行うという内容に対する署名です。還付額は様式5-3の51に記入していただく必要があります。

（3）税金申告および署名

　納税者あるいは代理人の名前、職位、申告日を記入の上、署名、社印を押していただく必要があります。

（4）納税者による商品とサービスの提供

　様式5-3に以下の事項を記入していただく必要があります。

12　輸出した商品の価格
13　海外で提供した商品とサービスの価格

第5節　付加価値税

14　国内で発生した非課税商品・サービスの提供価格
15　国内で販売した商品の価格
16　国内で提供したサービス料金
17　12から16を足した数字
18　非居住者、VAT非登録者からの商品、サービスを購入した総額
19　国内で販売した商品のVAT（10％）額
20　国内で提供したサービスにかかるVAT（10％）額
21　料金総額、売上VAT総額
22　非居住者、VAT非登録者からの商品、サービスを購入した場合にかかるVAT額

（5）輸入および購入額

様式5-3に以下の事項を記入していただく必要があります。

23　輸入した商品の価格、仕入VAT総額（29）、控除不可VAT額（34）、控除額（39）
24　輸入した固定資産の価格
25　国内で購入した商品・サービスの価格、仕入VAT額（31）、控除不可VAT額（36）控除額（41）
26　国内で購入した固定資産の価格
27　非課税で輸入あるいは国内で購入した商品・サービスの価格
28　23から27を足した総額
30　輸入した固定資産にかかるVAT額
33　29から32を足した総額
35　輸入した固定資産にかかる控除不可VAT額
37　国内で購入した固定資産にかかる控除不可VAT額
38　34から37を足した数字

40 固定資産にかかるVAT控除額
42 国内で購入した固定資産にかかるVAT額
43 売上VAT総額

（6）VAT納税、繰越あるいは還付（固定資産は除く）

様式5-3に以下の事項を記入していただく必要があります。

44 当月のVAT納税額（売上VAT（21＋22）－仕入VAT（39＋41））
45 前月から繰り越されたVAT額（先月の申告書の52の数字）
46 前月以前からのVAT調整額
47 固定資産にかかるVAT額を含まないVAT支払額
48 当月の税控除額（仕入VATが売上VATを上回る場合）
49 先月およびその以前からの繰越VAT(45＋46)が今月の納税額（44）より大きい場合に記入
50 固定資産VAT額を含まない控除額（48+49）
51 VAT還付額
52 固定資産にかかるVAT繰越額を含まない控除額
53 輸入総額（非課税商品価格を除く）（17－14）に対する輸出と海外での商品・サービス販売（12＋13）の割合

（7）VAT納税額あるいは固定資産に対するVAT控除後の繰越VAT

様式5-3に以下の事項を記入していただく必要があります。

54 固定資産にかかる控除可能なVAT額
55、56 固定資産に対する繰越VAT額（前月よりおよびそれ以前）
57 当月のVAT納税額

58　固定資産にかかる繰越控除VAT額
59　固定資産にかかるVAT控除額（(54＋55)　±56）

5　VAT非登録業者、非居住者に対するサービス料支払い

　VAT登録業者は、VAT非登録業者もしくは非居住者からサービスを購入する場合、サービス購入時にVATを月次にて別途納付する必要があります（VAT法第14条3項）。すなわち、サービス受け手は、VAT非登録業者もしくは非居住者に代わり、VATを納付する必要があり、支払いの際には、必ず相手方がどのようなステータスであるかを確認の上、費用の支払いを行う必要があります。こちらは、ラオス特有の税務リスクですので、注意が必要です。

6　還付手続き

　VAT法第24条以下では、税務当局に対して還付申請を行うことができ、法律上の要件を満たす限りにおいて、還付を受けることができる旨、明記されています。

7　タックスインボイス

　インボイスは物品・サービスの販売やVATの受払い、仕入税額控除、還付請求を証明する文書であり、VAT法では、事業者は必ず様式5-4の通り、ラオス政府公認の領収書を使用しなければならない旨が規定されています（同法第33条、39条）。
　また、2015年5月11日付領収証管理規則に関する財務省大臣告示（No.1431/MOF）が公布されており、事業者はラオス政府公認の領収書を

様式5-4　公式領収書サンプル

必ず得る必要があり、公式の領収書を使用しない場合においては、VATの還付および控除ができず、非公式の領収書を使用する場合は業務停止処分等が課される可能性があり得ます。

　ただし、ローカル企業の多くは、ラオス政府公認の領収書を使用しておらず、支払い等に際しては、注意が必要となります。特に、建設工事や内装費用等については、金額が大きくなりますので、必ず注意してください。

第6節 その他税

1 物品税

　特定の財およびサービスには5％から150％の物品税が課税されます。物品税の支払いは、輸入財の場合は税関検問所にて輸入関税申告を提出する際に個別物品税申告書を提出、事業者・サービス提供者の場合は翌月15日までに所管の税務局に申告する必要があります。課税対象となる財・サービスと税率は、改正税法第20条に記載されており、図表5-6に一例を記載しています。

図表5-6　物品税の例

物品、サービス	税率
酒、アルコール	25％から70％
タバコ	15％から60％
化粧品	20％
家電製品	20％

出典：「ラオス投資ガイドブック2016」JETROヴィエンチャン事務所

2 環境税

　製造業および天然資源の輸入と利用を伴う事業で、環境汚染や人・動物・植物の健康と生命および生態系に損害を与えるものは、環境税の対象となります（改正税法第58条、59条）。
　ただし、現時点において、実務上、環境税は徴収されていません。今後、水力発電や鉱山開発等のコンセッション事業を中心に政府との契約で支払

いが規定されると予想されます。

3　手数料・行政サービス費用

　その他の税として、政府機関による証明書・許可証の発行手数料、および政府機関による専門行政サービスに対する費用があります。前者は税務登録証、企業登録証、工場操業許可証、原産地証明書、各事業セクターの事業許可証等の発行手数料や知的財産の登録手数料等、後者は収入印紙や企業登録書類の販売費、技術的書類の精査費、宅地の測量費等が含まれます。手数料・サービス料に関する国家主席令第3号（2012年12月26日付）において各種料金が規定されています。

　しかしながら、本国家主席令がすべてを網羅していないことや、省庁により別途規定されているケースが散見されますので、注意が必要です。

第7節 税務調査

　ラオスにおける税務調査は、一般に年度末の最終確定税額の支払い時に実施されます。すなわち、最終納付にあたり申告書を提出した際に、税務当局が提出された資料を基に税額の再計算を行い、その結果、会社の納付予定額が過少であるとの指摘を受けることがあります。

　また、その他の税務調査の形式として、事前に通知の上で税務調査が実施されるケースが多くありますが、税法上は事前通知を行わない税務調査も規定されています。税務調査の対象期間は最大過去3年間に及びます。

　また、追徴課税や罰則時には必ず文書にて通達されるのが原則ですので、口頭ではなく文書にて正式に貰い受ける必要があります。

　なお、実際の税務調査では、不合理かつ恣意的な指摘が多く見受けられますので、信頼できる専門家に助言や代理交渉を依頼することを推奨します。

第8節 罰則規定

税務申告や納税の義務に違反した場合のペナルティとして以下の定めが存在しています（税法第74条）。

1 延滞

延滞額に対して1日あたり0.1％の利息が課されます。

2 過少申告、適切なインボイスの不発行

納付不足額の20％から60％の罰金が科されます。違反行為の回数を重ねる毎に罰金が重くなり、3回目の違反時には営業停止処分の規定も存在しています。

3 無申告、税務調査の拒否など

税務当局の裁量により納税額を決定します。納付不足額の30％から100％の罰金が科されます。違反行為の回数を重ねる毎に罰則が厳しくなります。

また、2015年のVAT法の改正に際して、VATに関する罰則強化が行われています。例えば、VAT法第63条3項では、「VATに関する申告が遅れた場合については、月毎もしくは四半期毎に50万キープの罰金を科す」と規定しています。

また、VAT法第63条8項では「VATの対象となる商品販売、サービス

提供について、VATを納付しない、もしくは実際とは異なるVATの算出を行った場合等、当該取引によって生じたVATの50％分の罰金が科される」と規定されています。

実務ではVATの納付システムが十分に整備されていない状態の中で、極めて厳しい罰則規定が定められており、注意が必要となります。

第9節 会計実務

　ラオスの会計制度は、2014年の改正会計法が公布されております。改正会計法は、すべての事業体に適用され、ラオスの独自の会計基準を定めています。なお、別途許可を得ない限りは、会計記録はすべてキープを基本単位として記帳する必要があります（同法第7条）。

図表5-7　ラオスの会計制度まとめ

項目	内容
関連法規	改正会計法、改正税法など
監督省庁	財務省（所轄の税務署を含む）
適用対象	全事業体
会計期間	原則的に1月～12月末の期間
会計通貨	キープ
記帳言語	ラオス語
会計書類保存期限	10年

出典：「ラオス投資ガイドブック2016」JETROヴィエンチャン事務所

1　会計期間

　税法上の課税期間が、1月1日から12月31日と定められているため、基本的に税法の課税期間と合わせて、設定されています（改正会計法第8条）。ただし、継続適用を前提に会計期間を変更することも可能ですが、実質的にほとんど認められておりません。

2　会計帳簿

　会計帳簿は、複式簿記により記帳することが要求されており、会社は資産を保全し、会計記録の粉飾や不正を未然に防止するような対応が求められます（改正会計法第17条）。また、すべての会計記録は証憑とともに最低10年間保管される必要があります（同法第50条）。さらに、当該会計記録および書類は、税務調査時に遅滞なく提出することが義務付けられています。なお、記帳は原則的にラオス語で記載される必要があります。

3　会計ソフト

　ラオスでは、現在APIS社もしくはinterCOM社により販売されている会計ソフトウェアが政府公認ソフトとして、財務省をはじめ多くの会計事務所、税理士事務所等にて使用されています。英語、ラオス語等の複数言語が利用可能となっており、複式仕訳が対応可能となっています。

　購入、セットアップに関しては、上記店舗もしくは販売代理店等にて上記名称のソフトウェアの存否を確認してください。また、販売代理店や会計事務所等では導入支援サービスや研修サービスを提供しており、そのようなサービスを受けることも可能であり、併せて確認してください。

4　会計書類の提出

　ラオスでは、管轄省庁に毎月および四半期毎に貸借対照表、損益計算書等を当局に提出することが要求されています。また、年度会計の締め日以降、3ヵ月以内に財務諸表（貸借対照表、損益計算書、会計処理に関する説明資料）を作成、税務当局に年次財務諸表を提出する必要があります（改正会計法第31条、48条）。

第 6 章

ラオスのその他進出法務

第1節 不動産法務

1 土地に関する法制

　ラオスの不動産に関連する法規は、2003年の改正土地法がその中核をなしています。社会主義制度を採用しているために、運用上、法令を施行した後に問題になる場合には、新しく通達や決定書を出して法令を補足する形をとることがあります。そのため、土地法だけでなく、重要な文書が個別に存在している可能性があり、注意が必要です。

　なお、ラオスにおける建物や不動産登記に関する法規については未整備の状態ですので、注意が必要です。

　土地法第3条は「土地は、国家共同体の所有に服する」、憲法第17条は「土地については、国家共同体の所有に属し、国家は法律に従い、使用権、譲渡権および相続権を保障する」と規定していることから、いかなるラオス国内外の個人、法人、団体についてもラオスにおける土地を所有することはできません。

　他方、憲法第17条に記載される通り、個人、法人、団体には、法律が許容する限りにおいて、土地の自由占有、使用を内容とする「土地使用権」が認められています。

　土地法は、国土の管理責任は政府に帰属し、その管理は集中的かつ統一した方法で行われると規定しています（同法第9条）。この点、政府は、当該管理を行う主体として、新たな国家組織である「国家土地管理機関」を設立しましたが、現在は、天然資源環境省土地管理局（以下、「土地管理局」）が、他の政府機関や民間機関を通じて、土地の利用や管理を監督、具体的には、土地の測量や利用計画の策定、地租の徴収、登録土地台帳の

整備、土地利用権利書の発行等を含む土地に関連する管理業務を担っています。

売買、賃借、担保権設定等の土地に関連する全ての取引は、該当土地の所在地を管轄する土地管理局が管理する登記簿に記録されます。

2　土地に関する権利

2003年の改正土地法第64条は、ラオス国内で居住、投資、あるいは法に則った活動を行う外国人居住者・無国籍者・外国人またはこれらによる団体は、政府から土地を賃借またはコンセッションを取得することができる旨を規定しています。

また、土地法第65条は、その貸借期間についての制限事項を図表6-1のように規定しています。

図表6-1　ラオスの土地に関する制限

賃貸人	賃借人	制限
ラオス政府	ラオス人民民主共和国内での投資を行う外国人	50年を超えない範囲で、活動やプロジェクトの方式・規模・条件に準じて設定可能 政府の合意に基づいて延長が可能
ラオス国民		30年を超えない範囲で、活動やプロジェクトの方式・規模・条件に準じて設定可能 県または首都の役所の申請によって天然資源環境省土地管理局の承認が得られれば、契約者双方の合意に基づいて延長が可能
経済特定区域および経済特別区域		土地の賃借や免許権取得は75年を超えない範囲で設定可能 国民議会の承認に基づいて延長が可能

出典：「ラオス投資ガイドブック2016」JETROヴィエンチャン事務所

なお、1万ヘクタール以上の土地を対象とする賃借権またはコンセッションの取得には、国民議会の承認が必要です（同法第65条）。

また、外国人居住者、無国籍者もしくは外国人、または、それらによる団体がラオス政府から土地を賃借する、またはコンセッションを行う場合において、当該賃貸借またはコンセッションに関連する当該自然人または団体所有の資産を売却するときには、政府がその資産を購入する優先権を有するとされる等、様々な制限が設けられています（同法第66条）。

3　土地の分類

土地法第11条は、土地を下記8種類に分類しています。

図表6-2　ラオスの土地の分類

	分類
1	農業用地
2	森林
3	水域
4	工業用地
5	公共事業用地
6	文化的用地
7	国防および治安維持用地
8	建設用地

出典：「ラオス投資ガイドブック2016」JETROヴィエンチャン事務所

（1） 農業用地

　政府は、実施する農業の種類に応じて、個人または家族に対し、目的・土地再分配計画に則って、長期的かつ効果的な農業用地の使用を認めています（同法第17条）。

（2） 森林

　政府は、個人または家族に対し、家族内労働力1人あたり3ヘクタールを超えない範囲で、その目的に則り、長期的に荒廃したあるいは劣化した森林地の使用を認めています。それ以上の面積を必要とする者は、政府に対して、賃借またはコンセッションを申請することができ（同法第21条）、そして、郡または市街地域の役場は、村落の委員会と連携して、土地権利書の発行をもって、その所轄の地域内における森林地利用権の個人および団体への譲渡の検討および承認を行うとされています（同法第22条）。

（3） 水域

　水域の所在する村落の委員会は、その適切な保全と使用のために、郡または地域の役場に対し、同水域を含む土地の個人または団体への譲渡に関する調査および提案を行うとされています（同法第26条1項）。

　水域を含む土地が個人または団体が利用権を有する地域内に存在する場合において、水・水資源管理局または科学・技術・環境局によって当該土地の使用が水域を含む土地に悪影響を与えないことが判明したときは、当該地域には、当該個人または団体の使用権が及ぶとされています（同法第26条2項）。

（4） 工業用地

　工業手工業省は、工業用地の管理、ならびに、環境保全を含む、工業用地の管理、保護、開発および使用に関する規則の研究開発、および、その

規則を政府に諮り、その承認を受けることとされています（同法第28条1項）。

送電線敷設帯、燃料・ガスのパイプライン用地、水道管用地のための土地管理を行う場合、工業手工業省は、交通運輸建設局、および、その他関係機関との調整を図らなければならないとされています（同法第28条2項）。

（5）建設用地

建設用地とは、住居用建造物、工場、事務所、組織の建築物などを建設するために利用される土地をいいます（同法第38条）。土地管理局が建設用地に関する規制、細則の制定や建設の承認などを行います。

建設用地は①公共の施設、②居住用の施設、③工場用の施設、事務所など団体のための施設の4分類に分けられており（同法第40条）、この分類に従い、所轄の監督官庁において建設許可を得る必要があります（同法第41条）。

（6）分類変更

工場建設にかかわらず、土地の使用目的に応じて分類変更を行う場合には変更申請が必要です。その際には手数料が発生します。

手数料額については、国家首席令において、以下の通り規定されています。

図表6-3　土地分類の変更手数料

No	地目変更の目的	平方メートルあたりの手数料（キープ）		
		都市部	地方都市部	遠隔地
1	農地の商用地への変更	2,000	1,000	500
2	農地の居住地への変更（水田を除く）	100	50	30
3	居住地の農地への変更	5	3	2

出典：「ラオス投資ガイドブック2016」JETROヴィエンチャン事務所

4 土地管理・登録

(1) 土地の使用権、占有権

　外国投資家の土地所有は認められていないことから、土地への投資方法は賃借という方法になりますが、この点、賃借している土地占有の正当性の有無は、賃貸人が保有する土地の使用権が本当に賃借人にあるかどうかが、土地の権利関係にかかってきます。

　そこで、ラオスにおいて土地の権利関係を証明する文書である、土地使用権証明書の入手・確認が、ラオスにおける不動産において非常に重要となります。

　現在、土地台帳制度の改善に向け、多くの支援活動が行われていますが、国土の内かなり広い部分では、未だ権利が付されていない状態のままになっています。この点についても、注意が必要です。

　なお、土地使用権の移転時には、政府機関による証明書・許可証の発行手数料、および政府機関による専門行政サービスに対する費用がかかります。2012年12月26日付管理費および手数料に関する国家主席令の第79条には、土地使用権に関わる法的文書登録にかかる管理費という項目があり、これによれば、使用権の移転時には、所轄の土地管理局に対して、土地使用料の0.2％を支払う必要があるとされています。

様式6-1　土地使用権利書サンプル

（天然資源環境省／県・都天然資源環境局）

土地権原書
ບຸກຄົນ, ນິຕິບຸກຄົນ
個人、法人

- 土地の住所
- 県
- 郡
- 村
- 区
- 番号
- 発行回数
- 発行先
- 国籍
- 生年月日
- 職業
- 現住所
- 配偶者の名前
- 生年月日
- 国籍
- 職業
- 土地使用権の取得手段
- 土地使用権所有者の身分
- 土地の種類
- 土地の区分地
- 土地登記簿番号
- 地図番号
- 土地番号　54,900　面積　1/2500　縮尺

土地の地図

発行年月日

天然資源環境局長署名　　　土地管理局長署名

第1節　不動産法務

（2）建設規制

2009年11月26日付建設法（No.05/NA）は、建設工事について、実現可能性調査や測量、設計、許可に関する条件等を定めています。

建設許可は建設形態にかかわらず、建設される施設を所管する省庁が付与しています。例えば、橋梁や道路、鉄道、水供給、衛生設備、電気通信施設、堤防等の建設許可は、公共事業・運輸省が、ダムや発電所鉱山等に関する建設許可はエネルギー・鉱業省がそれぞれ、建設許可の付与を担当しています。

なお、建設により発生した損害についてはすべて、事業開発者が責任を負うことになっています。

また、建設業者が合意する建設請負契約は、「契約・不法行為法」に盛り込まれている建設請負契約に関する条項を遵守する必要がありますので、いずれも注意が必要です。

（3）担保設定

現在、ラオスには統一的な民法典は存在していないため、担保権については、契約担保履行法により規定されています。

①担保権の分類

契約担保履行法は、担保権を以下の通り分類しています。

（ⅰ）動産担保（同法第10条から19条）
　ア）物についての質（同法第12条から14条）
　イ）書類についての質（同法第15条から16条）
　ウ）倉庫の商品についての質（同法第17条）
　エ）無体物についての質（同法第19条）
（ⅱ）不動産についての担保（同法第20条から25条）

159

(ⅲ）人（自然人・法人）による保証（同法第26条から30条）

②不動産担保

「不動産担保」とは、「債務者の土地、家屋、工場のような不動産または不動産使用権によって債権者に対して債務の弁済または他の義務の履行を保証するものであり、所有権証明書または使用権証明書類を債権者または委任を受けた他の者の占有下に置く」ものであると定義されています（同法第20条）。

また、この内、不動産使用権に担保設定する場合については、事前に所有者の同意を得る必要があります（同法第20条）。

不動産担保設定契約には、不動産の価値、不動産の面積、場所等その他の情報を定める必要があります（同法第22条）。

なお、実務上、外国人または外国法人による不動産担保設定は認められています。

③不動産担保設定実務

ラオスにおいて担保設定を行う場合、以下のような手続きを行う必要があります。

（ⅰ）村長の公証

不動産担保契約については、①村長もしくは公証人、および、その他証人3名、または、②3名の証人の面前での契約締結が効力発生要件となっています（同法第21条）。

この点、村長は所轄地区や村内での状況を最も把握している立場であると認識されていることから、村長の公証を受けた書類は、裁判所や監督官庁における判断の際に重要な参考資料として取り扱われますので、上記①の方法をとることが推奨されます。

(ⅱ) 公証役場（司法省管轄）

　すべての契約の形式要件として、基本的に公証役場で公証を受ける必要があります（契約法第15条）。なお、通常、公証役場ではラオス語の契約書しか受け付けてくれないため、提出する契約書はラオス語で記載されている必要があります。

(ⅲ) 担保権の登録・登記

　担保権者は、担保権を登録・登記することにより、担保を有さない他の債権者、後順位担保権者との関係において、被担保債権について優先弁済を受けることができるようになります（同法第15条、25条）。

　ア）不動産担保以外の担保権：財産管理局（財務省管轄）

　　　不動産担保以外の担保契約の登録は、財務省財産管理局において行う必要があります（契約履行担保法第31条）。

　イ）不動産担保権：土地管理局（天然資源環境省管轄）

　　　不動産担保契約の登記は、土地管理局において行う必要があります（同法第31条）。

④不動産担保執行実務

　契約担保履行法は、担保設定契約で定めることにより、事前の和解手続き、訴訟手続き等の裁判所手続きを経ることなく、担保執行を行うことができると定めており（同法第34条）、法律に違反しない限りでの私的実行を認めています。

　ただし、担保権者は、動産執行を行う場合は10日以上の事前通知、所有者に対して、不動産執行を行う場合は15日以上の事前通知が必要です（2011年6月20日付契約担保履行法実施に関する首相令第43条および第67条）。

　他方、被担保債務の弁済、担保期間の経過または被担保債権の放棄によって担保権は登録・登記手続きを経ることなく、自動的に効力を失います（同法第37条）。

コラム⑪ ラオスの公証手続き

　公証役場法は1991年12月に制定されています。その後、2009年2月に改正されています。また、2016年4月に、同制度の国民への周知および制度の強化に関する通達が出されています。

1　公証の定義（同法第2条）

　公証とは、公証人が、法規、名義人または当事者の意志に基づいて作成された契約書およびそれ以外の文書（配当に関する覚書、遺産相続、定款）の真正ならびに正当性を認証することをいいます。

　公証人の署名と公印により、契約書や文書が公証を受けたことになります（同法第3条2項）。

2　認証対象

　公証人による認証の対象は以下の通りです（同法第9条）。

①　各種契約書の正当性（売買、ローン、賃借、建設請負、労働契約など）
②　遺言
③　夫婦の財産に関する所有権
④　原本からコピーした文書
⑤　署名、拇印
⑥　翻訳文書
⑦　人物証明（写真と本人を照合）
⑧　提出文書の日付確定
⑨　関連文書の受領と受領証明
⑩　契約書以外の文書（配当に関する記録、遺産相続、定款）

3 認証の手続き（同法第11条）

　国内外の個人、法人および、団体は、自身が作成した契約書およびその他文書を自身の居住地や契約を結ぶ場所、契約の対象として設定されている不動産の所在地にある公証役場に持ち込み、認証申請を行うことができます。

　当事者が個人の場合、自分自身の言動に責任が持てる人が手続きを行う必要があります。同条件に満たない当事者は、両親または保護者が代理人として行います。法人や団体の場合は、法律により定められた代表者または当該団体が委任した代理人によって手続きを行う必要があります。

4 認証の意義（同法第15条）

　公証役場で認証を付与された契約書およびその他文書は、公証人が署名、公印を押した日から有効となります。

　公証人がこれらを認証することにより、契約書や文書そのものの証拠としての価値あるいは根拠価値を高めます。また、裁判において、法的な証明力を高めます。

5 公証役場における使用言語（同法第6条）

　認証を依頼するすべての文書はラオス語で作成されなければなりません。外国語で作成された文書はラオス語へ翻訳する必要があります。

6 認証にかかる日数（同法第14条）

　関連資料が真正に成立したこと、法律に従って作成されたという事実が認められる場合は、公証人は申請書受理後、3日営業日以内に認証を付与します。検証した後追加資料の提出が必要な場合は、最大で15営業日以内に付与すると規定されています。

5 土地に関する紛争解決

土地に関する事務的な紛争解決は土地管理局が管轄しています。正式な許可を得ない土地利用や、該当土地の用途や法令に反する土地利用、地租や諸手数料の不払い等の問題は、同局がこれを担当します（土地法第80条）。

他方、土地の移動や相続、契約書等に関する民事問題は、まず、村レベルでの調停によって解決が図られることになっています。これらの問題が村レベルで解決できない場合は、裁判手続きによって解決されることになります（同法第81条）。

第2節 知的財産法務

1 知的財産権に関する法制度

　ラオスは1995年にWIPO（世界知的所有権機関）設立条約、1998年に工業所有権保護に関するパリ条約、2006年にPCT（特許協力条約）、2012年に文学的および美術的著作物の保護に関するベルヌ条約（通称ベルヌ条約）に加盟しています。その後、2013年2月にWTO（世界貿易機関）に加盟したことにより、TRIPS（知的所有権の貿易関連の側面に関する協定）にも加盟しています。また、最近では、2015年12月7日に標章の国際登録に関するマドリッド協定の1989年6月27日にマドリッドで採択された議定書（通称マドリッド協定）に加入し、2016年3月7日付で同議定書がラオスにおいて発効しています。

　ただし、ラオスは商標法条約には加盟していません。

　ラオス国内の知的財産権関連法令については、2011年1月に改正知的財産法（以下「改正知的財産法」）が公布されています。また、同法の制定を受けて、国家主席布告054/PM号が2012年1月に公布されています。改正知的財産法には、商標、著作権、特許等の基本的な知的財産権に関するルールが包括的に規定されており、知的財産法の基本法と位置付けられています。

　図表6－4が、改正知的財産関連法に記載された知的財産および各登録、保護期間、登録料等に関する一覧となります。

図表6-4　ラオスの知的財産権の保護の概要

項目	登録等要件	保護期間	登録保護手数料の支払
商標	識別性　等	登録日から10年間	10年毎（前納）
商号	登録不要[※1]		
著作権	登録不要（ただし、保護対象は文学、科学、芸術領域に属する表現物で独創性のあるもの）	原則著作者の死後50年間	
特許	新規性、進歩性、産業上利用性	出願日から20年間	毎年（前納）
小特許	同上	出願日から10年間	毎年（前納）
意匠	新規性、装飾的	出願日から15年間	5年毎（前納）
集積回路	独創性　等	出願日から12年間	毎年（前納）
地理的表示	表示による原産地性の確認、商品特性の原産地性	無期限	初回のみ（前納）
営業秘密[※2]	当該種類の情報を扱う仲間内で不知または取得不容易、商業的価値、管理者による管理	無期限	初回のみ
植物新品種	新規性、識別性、均等性、安定性、品種名称付与	木と蔓：育成者権付与日から25年間 その他：育成者権付与日から20年間	毎年（前納）

※1：日本あるいはラオスで会社設立の際に商号を登録済みであることが前提となる。
※2：科学技術省知的財産局によれば、2017年3月現在、営業秘密登録例は存在しないとのこと。

　なお、改正知的財産法および国家主席布告054/PM号には、ロイヤリティや技術料の日本への送金に関する規定はありません。以下では、ラオスの知的財産権のうち、商標権、著作権および特許権について取り上げます。

2 商標権

ラオスでの商標権については、改正知的財産法に規定されています。商標については、年間約2,000件程度の出願が受理されており[1]、審査は、ラオスにおいて知的財産に関する業務を管轄する科学技術省内の知的財産局が行っています。ラオスは中国からベトナム、タイ、ミャンマー等へ向けた模倣品や海賊版等の不正商品の流通ルートになっているケースも多く、通関時に不正商品を載せた貨物の差押え等が実施される事例もあると指摘されています[2]。

(1) 商標権の概要

ラオスは商標権につき、先願主義を採用しています（同法第28条）。商標の登録要件は以下の通りです（同法第16条）。

① 識別性を有すること
② 同一の商品またはサービスについて先に登録された標章、周知標章、地理的表示と同一でないこと
③ 同一の、類似のまたは関連する商品およびサービスについて先に登録された標章、周知標章と類似しておらず、当該商品またはサービスの出所に関し混同を生じさせるかまたは他社と関連しているとの誤解を生じさせるものでないこと
④ 改正知的財産法第23条にて禁止された特性を含まないこと

---

1) 大熊靖夫「ASEAN諸国の知財情勢」『特許研究』No.54、2012/9、p.78
2) 同上資料、p.79

改正知的財産法第23条で禁止された特性としては、公衆または当該標章が使用されている業界を欺くもしくは誤認を生じさせるようなもの、許可なくラオスの紋章、旗、記章、市町村名等を含むもの、生きている人間の名称や国民的英雄や指導者の名称等を含むもの、競争相手の商品や商業上の活動と混同を生じさせるものなどが規定されています（同法第23条）。

（2） 商標の出願、登録手続き

ラオスでの商標の出願については、ラオス国内外の自然人または法人による出願が認められています。また、ラオス国外に居住する個人、法人または組織が商標の出願を希望する場合には、ラオス国内の代理人を指定しなければいけませんので、注意が必要です（同法第27条）。

改正知的財産法によれば、ラオスでの商標の申請及び登録手続きは以下の通りとなっております。

① 科学技術省知的財産局へ手数料納付の領収書を含む出願書類の提出をする（同法第33条）。
② 科学技術省知的財産局にて出願の方式審査を実施する（同法第38条）。
③ 出願書類に不備があった場合、科学技術省知的財産局より60日以内に補正するよう命令が出される（同法第38条）。
④ 方式審査が終了後、出願日が確定される。
⑤ 科学技術省知的財産局による出願内容に関する実体審査の実施（同法第40条）。
⑥ すべての要件を満たしていると判断された場合、科学技術省知的財産局より商標登録証の交付、商標の登録台帳への登録、および工業財産公報に掲載がなされる（同法第44条）。

出願に関する書類はラオス語または英語にて提出しなければ、また、英語で提出した場合には、提出から90日以内にラオス語の翻訳文を提出しなければならないと定められています（同法第37条）。ただし、実務上、添付書面についてはラオス語翻訳が付されていればどのような言語で提出することも可能とされているようです。

また、出願に不備があるとして補正命令が出されたにもかかわらず、補正がなされなかった場合、出願は放棄されたものとみなされます（同法第43条）。

なお、商標の登録までに要する期間は実務上、出願後約6か月～1年程度といわれています。

ラオスにおける商標権の保護期間は、登録日から10年と規定されています。当該保護期間は、10年ごとの更新、延長が可能となっております。また、登録保護を受けるためには、10年ごとに登録保護手数料を前納しなければなりません（同法第51条）。

3 著作権

(1) 著作権の概要

ラオスにおける著作権については、商標権と同様に、改正知的財産法に規定されています。同法では、著作権とは、科学的作品を含む、芸術および文学の分野における自己の創造的な作品に対する権利というと規定されています（同法第3条）。

改正知的財産法は、著作隣接権に関する規定もおいています。ここでは、著作隣接権とは、実演、レコード、放送番組、衛星放送番組に関する権利をいうとされています（同法第3条）。なお、ここでは詳細は省略します。

(2) 著作権の発生

著作権は、創作された時点で、特に登録を要することなく、直ちに発生する（無方式主義）と定められています（同法第93条）。

ただし、著作権侵害や紛争発生時に備えて、著作権が存在のすることの証拠として、科学技術省知的財産局において著作権の通知を記録してもらうことも可能とされています（同法第93条）。科学技術省知的財産局は、当該申請が所定の要件を満たしていると判断した場合、当該通知を記録し、証拠としての受領書を交付します（同法第94条）。

(3) 著作権の種類

著作権者は、著作物に関する経済的権利に加え、著作者人格権を有します（同法第97条、第98条）。

著作物に関する経済的権利の例としては、著作物の全集の作成権、複製権、翻訳権、放送権、公衆送信権などがあります（同法第98条）。

他方で、著作者人格権とは、著作物が著作者から第三者に対し譲渡され、著作物に関する経済的権利を失った後でも著作者が有する権利をいいます。例としては、未公表の著作物を公表する権利、著作者であると名乗る権利、諸作物への氏名表示権などがあります（同法第97条）。

(4) 著作権の存続期間

著作権の存続期間は、当該作品が創作された日に開始し、以下に記載する日が属する暦年の末日まで存続すると定められています（同法第109条）。

① 原則：著作者の死後50年間
② 共同著作：最後に生存した著作者の死後50年間
③ 匿名またはペンネームを用いた著作物：著作物の公表後50年間
④ 映画の著作物：著作者の同意を得た公表後50年間、同意がない場合

は製作されてから50年間
⑤　応用美術：創作日から25年間

（5）著作権の制限

　改正知的財産法は、著作権が制限され、著作者の同意および著作権料の支払いなく実施できる場合を定めています（同法第111条）。例としては、すでに公衆の利用に供されている著作物につきFair Useとして正当な範囲内で引用すること（新聞記事および定期刊行物の報道の要約形式での引用を含む）、写真または映画の著作物にすでに公表されている美術や応用美術の著作物が付随的に映り込み複製されてしまった場合、コンピュータープログラムの通常の運用の中でなされる複製（ただし、当該コンピュータープログラムの使用が著作権者の許可の範囲で内である場合に限られる）などがあります。

4　特許権

　ラオスにおける特許権も、改正知的財産法に規定されています。
　ラオスにおける特許権の出願件数は年間数十件ほどに過ぎず、また、特許出願の実体審査も自らは行わず、対応外国出願の審査結果を参照し、必要に応じてWIPOの先行技術調査支援制度を利用していると指摘されています[3]。また、科学技術省知的財産局によれば、2017年3月現在、ラオスで登録された特許は3件とのことです。

（1）　特許権の概要

　ラオスは特許権につき、先願主義を採用しています（同法第28条）。
　また、特許の登録要件は以下の通りです（同法第13条）。

---
[3]　同上資料、p.78

① 新規性を有すること
② 進歩性を伴うこと
③ 産業上履行可能であること

（2） 特許の出願、登録手続き

　特許の出願については、ラオス国外に居住する個人、法人または組織が商標の出願を希望する場合には、ラオス国内の代理人を指定しなければいけませんので、注意が必要です（同法第27条）。

　改正知的財産法によれば、ラオスでの特許の申請および登録手続きは以下の通りとなっています。

① 科学技術省知的財産局へ手数料納付の領収書を含む出願書類の提出をする（同法第31条）。
② 科学技術省知的財産局にて出願の方式審査の実施（同法第38条）。
③ 出願書類に不備があった場合、科学技術省知的財産局より60日以内に補正するよう命令が出される（同法第38条）。
④ 方式審査が終了後、出願日が確定される（同法第38条1項）。
⑤ 出願日より19ヶ月目に工業財産公報に掲載され公開される（同法第39条）。
⑥ 出願人は、ラオスにおける調査に代わる実体審査報告書の受理請求または実体審査の請求を行うことができる（同法第41条）。
⑦ 科学技術省知的財産局による出願内容に関する実体審査の実施（同法第40条、41条）。
⑧ すべての要件を満たしていると判断された場合、科学技術省知的財産局より特許登録証の交付、特許登録台帳への登録、および工業財産公報に掲載がなされる（同法第44条）。

出願に関する書類は、商標同様、ラオス語または英語にて提出しなければなりません。また、英語で提出した場合には、提出から90日以内にラオス語の翻訳文を提出しなければなりません（同法第37条）。

また、出願に不備があるとして補正命令が出されたにもかかわらず補正がなされなかった場合や改正知的財産法第41条に従い実体審査請求をしなかった場合、出願は放棄されたものとみなされます（同法第43条）。なお、科学技術省知的財産局によれば、実体審査についてはラオス国内では対応しておらず、実際にはシンガポール、日本といったラオス国外の機関にて実施可能とのことです。

ラオスにおける特許権の保護期間は、出願日から20年と規定されています。また、登録保護を受けるためには、登録保護手数料を前納しなければなりません（同法第48条）。

コラム⑫ 日本－ラオス間の特許無審査特例制度について

　日本の特許庁とラオス知的財産局の間で「特許の付与・円滑化に関する協力」に関する覚書が2016年10月7日に締結されています。この特許庁による取り組みは、カンボジアに続き2カ国目となり、2016年11月1日から運用が開始されています。日本で登録された特許権と同内容の特許出願をした場合、無審査でラオスにおける特許権を取得することができるという画期的な内容となっています。新興国では、人手不足や知識不足などの理由により、特許の出願から登録までに長期間を要することが問題になっていますが、ラオスではこの制度を活用することで、特許の申請手続きにかかる時間を大幅に短縮することが可能となります。

　もっとも、ラオスの科学技術省知的財産局特許課へのヒアリングでは、日本の企業が直接出願することはできず、ラオスにおいて知的財産登録手続きの認可・許可を得ている専門家を通して出願を行う必要があるとされました。なお、登録に要する期間は、最長3ヵ月程度とのことです。

第3節 環境規制

1 環境規制概要

　ラオスの環境関連の主な法律は、水および水資源法（1996）、土地法（1997）、鉱業法（1997）、電力法（1997）、など資源利用・開発に関する法律が相次いで公布され、1999年には環境保護法が、2007年には森林法が公布されています。

　2011年には、天然資源環境省が設立されています。既存の環境行政を一元化し、2012年には新たに気候変動局と森林資源管理局を創設しています。

　また、環境アセスメントについては、2000年10月3日付環境影響評価規則（1770/STEA）を制定し、環境影響評価（EIA）の手続きを定めています。

　その後、2010年に環境影響評価に関する首相令（No.112/PM）が公布されており、2012年12月18日には、改正環境保全法が公布されています。

2 大気汚染規制

　天然資源環境省内の水資源環境局では大気汚染基準を設けており、年に数回モニタリングを実施しています。最近では、2009年10月14日付工場加工工場から排出される排気基準に関する大臣合意（No.2062/MCI）が公布されています。同合意第3条によれば、工業加工工場からの排出基準は、以下の表の基準値を超えてはならないと規定されています。

図表6-5　排気基準一覧

番号	項目	単位	排出源	基準値 燃焼なし	基準値 燃焼あり
1	粉じん-TSP	mg/m^3	ア）燃料燃焼 　－ガソリン、原油 　－石炭 　－植物由来の燃料、廃タイヤ等 　－その他の燃料 イ）鋳造、粉砕、アルミニウム製造 ウ）一般製造	— — — — 360 460	300 400 400 400 300 400
2	アンチモン/Sb	mg/m^3	一般製造	24	20
3	ひ素/As	mg/m^3	一般製造	24	20
4	銅/Cu	mg/m^3	一般製造	36	30
5	鉛/Pb	mg/m^3	一般製造	36	30
6	水銀/Hg	mg/m^3	一般製造	3.6	3
7	塩素/Cl	mg/m^3	一般製造	36	30
8	塩化水素/HCl	mg/m^3	一般製造	250	200
9	硫酸/H_2SO_4	ppm	一般製造	25	—
10	硫化水素/H_2S	ppm	一般製造	100	—
11	一酸化炭素/CO	ppm	一般製造	870	—
12	二酸化硫黄/SO_2	ppm	ア）燃料燃焼 　－ガソリン、原油 　－石炭 　－植物由来の燃料、廃タイヤ等 　－その他の燃料 イ）一般製造	— — — — 500	950 700 50 50 —
13	窒素酸化物/NO_X	ppm	ア）燃料燃焼 　－ガソリン、原油 　－石炭 　－農工業製品の原料 　－その他の燃料	— — — —	200 400 200 200
14	キシレン	ppm	一般製造	200	—
15	クレゾール	ppm	一般製造	5	—

出典：「ラオス投資ガイドブック2016」JETROヴィエンチャン事務所

3　水質、排水規制

　ラオスの水質および排水規制については、2009年12月7日付国家環境基準に関する合意（No.2734/PMO）で規定されています。国家環境基準に関する合意第5条によれば、一般工場および特殊工場における基準は以下の表の基準値を超えてはならないと規定されています。

図表6-6　一般工場における排水基準

項目	単位	基準値 (以下)
生物化学的酸素要求量/BOD5	mg /l	40
アンモニア性窒素	mg /l	4.0
総浮遊物質量/TSS	mg /l	40
PH	mg /l	6-9.5
全溶解固形物/TDS	mg /l	3,500
フェノール	mg /l	0.3
リン酸	mg /l	1.0
銀	mg /l	0.1
亜鉛	mg /l	1.0
硫化物	mg /l	1.0
遊離塩素	mg /l	1.0
塩素	mg /l	500
鉄	mg /l	2.0
フッ化物	mg /l	15
シアン化物	mg /l	0.1
銅	mg /l	0.5
スズ	mg /l	0.2
油脂分	mg /l	5
ニッケル	mg /l	0.2
水銀	mg /l	0.005
マンガン	mg /l	1.0
ひ素	mg /l	0.25
バリウム	mg /l	1.0
カドニウム	mg /l	0.03
6価クロム	mg /l	0.1
総クロム	mg /l	0.5

出典：「ラオス投資ガイドブック2016」JETROヴィエンチャン事務所

第3節　環境規制

図表6-7　特殊な工場における高濃度の有機系排水工場の基準値一覧

工場	項目		
	生物化学的酸素要求量	総浮遊物質量	PH
魚の缶詰	40	50	6-9.5
ビール	30	30	6-9.5
でん粉	70	80	6-9.5
製革	40	40	6-9.5
塗料	40	40	6-9.5
製薬	40	40	6-9.5

出典：「ラオス投資ガイドブック2016」JETROヴィエンチャン事務所

無機系廃水工場の基準値は以下の通りとなっています。

図表6-8　無機系排水工場の基準値一覧

項目	単位	基準値（以下）
PH		6-9.5
亜鉛	mg /l	5.0
シアン化物	mg /l	0.2
総浮遊物質量/TSS	mg /l	30
6価クロム	mg /l	0.3
総クロム	mg /l	2.0
ニッケル	mg /l	0.2
銅	mg /l	1.0

出典：「ラオス投資ガイドブック2016」JETROヴィエンチャン事務所

4　廃棄物処理規制

　ラオスでの廃棄物の処理規制については、2012年3月20日付工業工場の廃棄物管理に関する商工大臣の合意（No.0555）が存在しています。その

中では、廃棄物の種類、分類方法や保管および管理方法等について、規定しています。

工業工場の廃棄物管理に関する商工大臣の合意第3条では、廃棄物の保管方法として、工場内に適正に保管できる容器を設置、種類ごとに厳密に分別されなければならない、と規定されています。また、容器は破損、漏れが生じない程度の強度を有し、廃棄物質の種類ごとに色分けし、中身が明確にわかるラベル表示をしなければならないと規定しています。

また、産業廃棄物の保管場所については、工場内には適正に保管できる場所を確保しなければならない。保管場所については、種類ごとに分別して保管できる広い土地、運搬に支障が出ない立地、周囲を塀で囲む、トタン屋根等で覆う必要があり、また、危険等の注意書の設置、火災対策をしなくてはならないと規定されています（同合意第7条）。

工場の敷地が狭いあるいは工場敷地内に保管場所を確保することができない業者においても同様に環境および社会に悪影響が及ばないよう、規定に則って責任を持って適切に管理しなければならないと規定しています（同合意第7条）。

その他、廃棄物の保管、収集、移動等についても同合意の中で定められています。

5　騒音規制

(1) 騒音環境基準

ラオスの騒音環境基準については、2009年12月7日付国家環境基準に関する合意（No.2734/PMO）で規定されています。同合意第4条によれば、基準は以下の表の基準値を超えてはならないと規定されています。

図表6-9　騒音環境基準

基準	測定方法
最大騒音レベルは115デシベル以下	大幅に変動する騒音レベルを比較し測定する
24時間の平均騒音レベルは70デシベル以下	ある時間範囲に変動する騒音レベルを測定する

図表6-10　特定の場所および時間における騒音基準

地域の類型 \ 基準時間帯	基準値 デシベル dB（A）		
	6:00-18:00	18:00-22:00	22:00-6:00
閑静な場所：病院、図書館、診療所、幼稚園、小学校など	50	45	40
居住エリア：ホテル、家など	55	55	45
商業・サービス業施設	70	70	50
居住地区に近い小規模な工場	70	70	50

（2）工場騒音規制

　工場の騒音に関する規制については、2009年10月14日付工場の騒音規制基準に関する商工大臣合意（No.2063/MCI）が存在しています。同合意第3条によれば、工場・事業場における騒音規制基準値は、図表6-11の値以下である必要があります。

図表6-11　騒音規制基準一覧

番号	基準値（以下）	単位	労働時間
1	80	デシベル	24時間
2	85	デシベル	8時間
3	88	デシベル	4時間
4	91	デシベル	2時間
5	94	デシベル	1時間
6	97	デシベル	30分
7	100	デシベル	15分
8	103	デシベル	7.5分
9	106	デシベル	4分

出典：「ラオス投資ガイドブック2016」JETROヴィエンチャン事務所

　また、工場の騒音規制基準に関する商工大臣合意第4条では、工場敷地外で発生した騒音は以下に規定する基準値を超えてはならないと定められています。

① 日中における工場から発生する最大騒音値は70デシベル以下でなければらない。
② 夜間における工場から発生する最大騒音値は55デシベル以下でなければならない。

6　土壌の環境基準

　ラオスの土壌環境基準については、2009年12月7日付国家環境基準に関する合意（No.2734/PMO）で規定されています。同合意第4条によれば、居住地と農地の土壌環境基準は以下の表の基準値を超えてはならないと規定されています。

図表6-12 居住地と農地の土壌環境基準

項目	化学記号	単位	基準値（以下）
I　揮発性有機化合物			
ベンゼン	C_6H_6	mg/kg	0.5
四塩化炭素	CCl_4	mg/kg	89
1,2ジクロロエタン	CH_2Cl-Cl_2Cl	mg/kg	230
1,1ジクロロエチレン	$CCl_2=CH_2$	mg/kg	1,700
シス1,2ジクロロエチレン	$CHCl=CHCl$	mg/kg	57
トランス1,2ジクロロエチレン	$CHCl=CHCl$	mg/kg	520
ジクロメタン	CH_2Cl_2	mg/kg	28
エチルベンゼン	$Cl_2ClC-CH_3$	mg/kg	630
スチレン	$C_6H_5CH=CH_2$	mg/kg	8.4
テトラクロロエチレン	C_2Cl_4	mg/kg	210
トルエン	$C_6H_5-CH_3$	mg/kg	6.5
トリクロロエタン	$Cl_2C=CHCl$	mg/kg	2.5
1,1,1トリクロロエタン	Cl_3C-CH_3	mg/kg	3.5
1,1,2トリクロロエタン	Cl_2CH-CH_2Cl	mg/kg	43
トータルキシレン	$(CH_3-C_6H_4-CH_3)$	mg/kg	63
II　重金属			
ヒ素	As	mg/kg	3.9
カドミウム	Cd	mg/kg	37
クロム	Cr^{+6}	mg/kg	300
鉛	Pb	mg/kg	400
マンガン	Mn	mg/kg	1,800
水銀	Hg	mg/kg	23
ニッケル	Ni	mg/kg	1,600
セレン	Se	mg/kg	390
III　除草剤			
アトラジン	$C_8H_{14}ClN_5$	mg/kg	22
クロルダン		mg/kg	16
2,4D		mg/kg	690

DDT	DDT	mg/kg	17
ディルドリン	$C_{12}H_8Cl_6O$	mg/kg	0.3
ヘプタクロル	Cl_7	mg/kg	1.1
ヘプタクロルエポキシド		mg/kg	0.5
リンデン		mg/kg	4.4
Ⅳ　他の化学物質			
ベンゾピレン		mg/kg	0.6
シアン化合物	CN^-	mg/kg	11
ポリ塩化ビフェニル	PCBs	mg/kg	2.2
塩化ビニル			1.5

7　環境影響評価（EIA）

　ラオスでの環境評価（以下、「EIA」）は、天然資源環境省内の環境社会的影響評価局がEIAの基準設定や手続き、評価等を監督しています。2010年2月16日に各種投資事業における環境影響評価を規定した全42条で構成される環境影響評価に関する首相令（No.112/PM）が公布されています。

　環境影響評価に関する首相令の特色としては、①住民参加が義務付けられ、EIAの簡易版といえる初期環境影響評価においても影響住民との協議が必要であること（同首相令第2章第7条、8条）、②環境影響評価における分類（第1類、第2類）が明確化されたこと（同首相令第6条）。③水力発電事業、鉱業についての条項が含まれたこと、④EIA取得プロセスが非常に複雑になり、95-120日公用日を要するようになったこと（同首相令第15条）等があげられます。また、⑤これまで認められてきた自社による初期環境評価および環境評価の作成が認められなくなり、水資源管理庁に登録されている環境コンサルタント会社による実施がなければならないとされた（同首相令第4条）ことが大きな点となっています。

また、2013年12月17日には天然資源管理省から初期環境評価および環境評価実施が必要な投資事業リストの受理と交付に関する合意（No.8056）による分類リストが発表されています。具体的な手続きや必要書類は、管轄当局などにご確認いただくことを推奨致します。

図表6-13　2013年12月17日付初期環境評価および環境評価実施が必要な投資事業リストの受理と交付に関する合意（No.8056）による分類リスト

投資の種類とその他の活動		第1類 IEEが必要	第2類 EIAが必要
Ⅰ．エネルギー資源開発事業			
電力開発			
1.1	水力発電ダム建設	①1-15MWあるいは②貯水2億㎡以下、③貯水面積1500ha以下	①15MW以上あるいは②貯水2億㎡以上、③貯水面積1500ha以上
1.2	原子力発電事業		あらゆる事業
1.3.	天然ガスによる発電事業	5-50MW	50MW以上
1.4	風力発電事業	風力2-10	風力10以上
1.5	火力発電	10MW以下	10MW以上
ガスと原油開発事業			
1.6	原油・天然ガスパイプライン事業		あらゆる事業
1.7	原油あるいは天然ガス発掘		あらゆる事業
1.8	原油精製		あらゆる事業
1.9	原油貯蔵倉庫建設	5,000-50,000㎡	50,000㎡以上
高電圧送電事業			
1.10	高電圧送電線建設		
1.10.1	高電圧230kv以上	15km以下	15km以上
1.10.2	高電圧230kv以下	あらゆる事業	
1.11	高電圧　変圧所	10ha以下	10ha以上
Ⅱ．農林業セクターへの投資事業			
植林と作物			
2.1	工業植林・伐採事業	20-200ha	200ha以上
2.2	工芸作物事業	20-400ha	400ha以上
家畜飼養と養魚			
2.3	大型家畜：牛、水牛、馬、その他	500頭以下	
2.4	家禽類の飼育	5,000羽以下	

投資の種類とその他の活動		第1類 IEEが必要	第2類 EIAが必要
2.5	養豚	500頭以下	
2.6	池での養魚と水棲動物の飼育事業	10ha以下	
2.7	河川での養魚と水棲動物の飼育事業	300㎡以下	
2.8	ワニの飼育事業	100匹以下	
Ⅲ．加工工業セクターへの投資事業			
食品加工業			
3.1	製造、加工、保存（肉、魚、果物、食用油（植物、動物由来）と飼料	1トン/日以下	1トン/日以上
3.2	乳業に関する工場	40トン/日以下	40トン/日以上
3.3	製粉や関連製品工場	40-80トン/日以下	80トン/日以上
3.4	砂糖に関する工場	30トン/日以下	30トン/日以上
3.5	アルコールに関する工場	年間50トン以下	年間50トン以上
3.6	鉱物を含まない飲料と飲料水工場	あらゆる事業	
3.7	たばこ生産工場	あらゆる事業	
布、製紙、製材工業			
3.8	衣服、縫製、毛皮染色工場	あらゆる事業	
3.9	皮のなめし工場	あらゆる事業	
3.10	皮製品工場	年間100万個以下	年間100万個以上
3.11	ラタン、工芸品工場	あらゆる事業	
3.12	製材工場	年間100万個以下	年間100万個以上
3.13	製紙工場	30トン/日以下	30トン/日以上
3.14	印刷工場	あらゆる事業	
化学製品と医療器具製造工場			
3.15	化石燃料関連工場		あらゆる事業
3.16	化学製品関連工場		あらゆる事業
3.17	製薬、生薬関連工場		あらゆる事業
3.18	衛生品、化粧品の工場	10トン/日以下	10トン/日以上
3.19	ゴム、天然ゴム関連工場	年間50-200トン以下	年間50-200トン以上
3.20	プラスティック関連工場	年間400トン以下	年間400トン以上
非金属鉱物製品関連工業			
3.21	ガラス関連工場	あらゆる事業	
3.22	非金属鉱物製品関連工場	あらゆる事業	
3.23	セメント、石灰、プラスター関連工場	20トン/時間以下	20トン/時間以上
精錬工業			
3.24	鉄、加工鉄関連工場	年間5,000トン以上	年間5,000トン以上
3.25	鉄ではない、金属加工関連工場		あらゆる事業
3.26	鉄の精錬工場	50トン/日以下	50トン/日以上
3.27	鉄以外の金属精錬工場	あらゆる事業	

第3節　環境規制

投資の種類とその他の活動		第1類 IEEが必要	第2類 EIAが必要
3.28	タンク、金属槽生産関連工場	あらゆる事業	
3.29	変圧器関連工場	あらゆる事業	
その他の工業			
3.30	家庭内消費物、事務所、電化製品関連工場	あらゆる事業	
3.31	バッテリー、電池製造工場	年間70トン以下	年間70トン以上
3.32	車輌、エンジン部品関連工場	年間1,000トン以下	年間1,000トン以上
3.33	自転車、車いす製造工場	年間1,000人以下	年間1,000人以上
3.34	家具関連工場	年間1,000個以下	年間1,000個以上
3.35	上水道関連工場	あらゆる事業	
廃棄物関連			
3.36	危険でない廃棄物の保管	年間5,000トン以下	年間5,000トン以上
3.37	危険な廃棄物の保管		あらゆる事業
3.38	危険な廃棄物の分別		あらゆる事業
3.39	廃棄物の管理サービス		あらゆる事業
3.40	廃棄物の再生工場建設		あらゆる事業
3.41	廃棄物の焼却炉建設		あらゆる事業
3.42	浄水施設	50,000人以下	50,000人以上
3.43	工場排水処理施設		あらゆる事業
3.44	下水管建設	あらゆる事業	
Ⅳ．公共事業サービスセクターへの投資事業			
4.1	公共に影響をもたらす池、河川、水路の埋め立て事業		あらゆる事業
4.2	ニュータウン建設事業	50部屋以下	
4.3	ゴルフ場建設事業		あらゆる事業
4.4	総合競技場建設事業		あらゆる事業
4.5	ホテルあるいはレストラン建設事業	80部屋以下	80部屋以上
4.6	総合ホテル建設事業	50部屋以下	50部屋以上
4.7	国家自然保全地区の観光、休養地開発事業		あらゆる事業
4.8	経済特区、経済特別区の建設と開発		あらゆる事業
4.9	病院建設	80床以下	80床以上
4.10	鉄道建設事業		あらゆる事業
4.11	新道路建設事業（国道、県道、郡道、地方道、特別道）		あらゆる事業
4.12	国道、県道、郡道、地方道、特別道の舗装	あらゆる事業	
4.13	空港建設		あらゆる事業
4.14	通信ネットワーク建設事業	あらゆる事業	
4.15	水運事業（船舶輸送事業）	200トン以下	200トン以上
4.16	船着き場事業		

185

投資の種類とその他の活動		第1類 IEEが必要	第2類 EIAが必要
4.16.1	乗客用船着き場事業	500トン以下（船の重量は含まず）	500トン以上（船の重量は含まず）
4.16.2	商品用船着き場事業	500トン以下（船の重量は含まず）	500トン以上（船の重量は含まず）
4.16.3	危険物用船着き場		あらゆる事業
4.17	護岸工事	1km以下	1km以上
V．鉱物セクターへの投資事業			
鉱物の採掘と加工事業			
5.1	河川の石、砂の採取事業	1,000-50,000㎥/日以下	50,000㎥/日以上
5.2	石の掘削粉砕事業	50トン/日以下	50トン/日以上
5.3	地表面の建築用資材（土、石、砂）の採取	年間10万㎥以下あるいは面積20ha以下	年間10万㎥以上あるいは面積20ha以上
5.4	化学薬品を使用しない鉱物の採掘事業		あらゆる事業
5.5	危険な化学薬品を使用する鉱物の採掘事業		あらゆる事業
5.6	鉱物加工事業	年間50,000トン以下	年間50,000トン以上
水の利用と管理事業			
5.7	工業、農業、商業地区消費用のための地下水の掘削と利用	500-5,000㎥/日以下	5,000㎥/日以上
5.8	貯水槽とダムの建設	1-2億㎥あるいはダムの高さ10m以下	2億㎥あるいはダムの高さ10m以上

第4節　金融関連規制

1　外国為替管理制度の概要

　ラオスの外国為替管理制度に関する法律は、2014年12月22日に公布された外貨管理法があります。同法によれば、ラオス中央銀行が提案して政府が承認する場合を除いて、ラオス国内での財およびサービスの取引、債務支払いなどに外国通貨を用いることを禁じています（同法第10条）。

　また、会計資料や帳簿類等も必ず現地通貨で記載する必要があります。しかし、実態としては、特にラオス都市部では、現地通貨の他に米国ドル、タイバーツ、人民元などが流通しており、法律と実態が合っていない状態です。

2　貿易取引

　ラオス国内での支払いは、すべて現地通貨キープにて実施する必要があります（外貨管理法第10条）。ただし、輸入財の購入への支払いや輸出入にかかわるサービス業務への支払い等、一部外貨での決済が認められています。法律上、以下に該当する場合は外貨での取引が認められています（同法第10条）。

①　輸入財に対する支払い
②　輸送、保険、倉庫保管の費用等、財の輸出入に直接関わるサービスへの支払い
③　ラオス政府、あるいはラオス政府が許可した機関に承認された協定

に準拠する対外債務の返済
④　ラオス政府、あるいはラオス政府が認可した機関による承認に基づく外国への援助
⑤　ラオス外国投資奨励管理法に規定される、外国投資家による利益、配当、資本、利子、サービス費用、帰国した外国人労働者の賃金の本国あるいは第三国への送金
⑥　ラオス政府が認可した外国への投資金の送金
⑦　外国への留学、観光、訪問、治療
⑧　ラオス中央銀行の規則に準拠するその他の目的

3　貿易外取引

　輸送、保険、倉庫保管の費用等財の輸出入に直接関わるサービスへの外貨による支払いが認められています（外貨管理法第10条）。

4　資本取引

（1）対内直接投資

　外国投資家は、ライセンスに記載された通貨の種類・金額の登録資本金を、ラオスの商業銀行口座に送金する必要があります。複数回にわたって資本の輸入を行う場合、政府に認可された対外借入金を含むすべての外国為替と資産の輸入を都度ラオス中央銀行に申告する必要があります。銀行取引明細書あるいは、資産の場合は税関での申告伝票を持って、ラオス中央銀行は資本金証明書を発行します。いずれの書面もない場合は、当該証明書が発行されません。輸入した資本は直接投資事業に関係する活動に使われる必要があります（外貨管理法第24条）。

第4節　金融関連規制

（2）　対外直接投資

　ラオス国外での直接・間接投資を希望する場合は関係機関の認可が必要となっています。その認可を受けて、ラオス中央銀行が外国への資本の送金を認可します。認可に必要な書類は以下の通りです（2010年4月2日付外国為替および貴金属管理法実施における通達第1号第24条）。

① 　ラオス国外への資金送金申請書
② 　計画投資省が発行した海外投資ライセンス
③ 　投資先国の関係当局が発行した投資ライセンス
④ 　預金銀行が発行した投資家の銀行口座証明書

5　送金規制、外貨の持込・持ち出し

　外国投資家は利益、配当、資本金、利子等を母国あるいは第三国に送金することが認められています。法律上、ラオス人・外国人ともに外貨の送金金額に上限はありません（外貨管理法第13条）。外貨の持ち込みについても制限はありませんが、ラオス中央銀行が定める上限金額（1億キープ相当）を超える場合は税関へ申告する必要があります（2015年5月19日付ラオス出入国時の現金・貴金属・流通証券の申告に関する細則第6号）。

　投資奨励法に規定される外国投資家による利益、配当、初期投資、利子、サービス費用、帰国した外国人労働者の賃金の本国あるいは第三国への送金が認められています（2010年4月2日付外国為替および貴金属管理法実施における通達（No.1）第23条）。

　送金の際に必要な書類は以下の通りです。

- 送金申請書
- 預金銀行の銀行口座証明書

- ラオス中央銀行が発行した資本金送金証明書
- ラオス中央銀行が発行した借入許可書(借入金および利息の送金の場合)
- 配当に関する取締役会あるいは株主総会決議(配当の場合)

また、外国への通貨の持ち出しは、ラオス中央銀行の定める上限金額(1億キープ相当)まで可能となっています(外国為替および貴金属管理法実施における通達第1号第13条)。上限を超える場合には、ラオス中央銀行の許可が必要となっています。持ち込み証明書がある場合においては、国境の関税官に進行して持ち出すことができると規定されています(外貨管理法第14条)。

Q&A⑨ 登録資本金の送金について

Q 事業開始後、資本金を本国への送還することは可能でしょうか。

A 結論として、事業を停止する等の事情がないかぎり、登録資本金(一部でも全額でも)を本国へ送還することはできません。理由は以下の通りです。

ラオス会社法第25条において、登録資本金は、原則ラオス国内に存在していることが要求されています。ただし、投資期間が終了した場合、あるいは、事業の停止が認められた時は、登録資本金を本国へ送金することができます(外国為替および貴金属管理法実施における通達(2010年4月2日付)第3条2項))。

一方、外貨管理法第10条5項において、「外国投資家の利益、配当金、初期資本金、利息、その他サービス料金および外国人労働者の給与(帰国または第三国へ移住する場合)を送金することができる」とも規定されています。ここでいう、初期資本金が何を示すの

> か明確でないため、中央銀行によると、「初期資本金」は登録資本金も含めた資本金のことを指し、投資期間が終了していなくとも、これら資本金の送還は可能であると判断されているとのことです。ただし、登録資本金に関しては、会社法上の規定もあるため、最終的な判断は商工省に委ねるとのことです。

6　資金調達

　ラオスでは、企業の資金調達に関する規制はほとんどなく、地場銀行ないしは外資系銀行からの現地通貨建て借入れ、外貨通貨建て（バーツとドル）借入れが可能となっています。

　海外からの資金調達は海外金融機関からの借入れが認められており（2010年4月2日付外国為替および貴金属管理法実施における通達（No.1）第20条）、親子ローンも一般的に利用されています。借入れに際しては、ラオス中央銀行の許可を得る必要があり、ローン契約書、送金許可書等を提示する必要があります（同通達第20条2項）。

　個人・法人の対外借入および貸出の際は、以下の必要書類をラオス中央銀行・金融政策局外国為替管理課へ提出して認可を受ける必要があります。金額・融資期間・通貨に関して特に規定なく、個別の借入・貸出契約に基づきます。未許可で対外借入・貸出を行った場合、借入・貸出額の0.1％の罰金（2回目以降は前回の2倍）が科せられるので注意が必要となります（外貨管理法第49条）。

①対外借入の際の必要書類
- 対外借入申請書
- 概要事業計画書
- 借入金利用計画書、借入金返済計画書

- 借入契約書のドラフトあるいは借入人と貸出人のつながりを証明するもの
- 対外借入の株主総会決議書
- 事業ライセンスおよび納税ライセンス（法人の場合）

②対外貸出の際の必要書類
- 対外貸出申請書
- 外部監査済みの貸借対照表および財務諸表
- 貸出契約書のドラフト
- 貸出元の理事会決議あるいは株式総会決議
- 貸出先の国の信頼できる銀行から発出された返済保証

第5節 紛争解決制度

1 裁判制度

ラオスにおける民事裁判制度は、憲法およびラオス民事訴訟法に定められています。ラオスにおける民事裁判所および各管轄事件の種類は以下の通りです。

図表6-14　ラオスの民事裁判制度の概略図

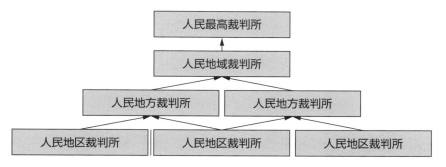

（1）裁判所の種類

ラオスにおいて民事事件を扱う裁判所は、人民地区裁判所、人民地方裁判所、および人民地域裁判所の3種類があります。

①人民地区裁判所

人民地区裁判所は、訴額が3億キープを超えない一般民事事件、労働事件、夫婦の共有財産に関する事件のうち商事事件および少年事件を除く事件を第一審裁判所として管轄します（民事訴訟法第21条2号）。

②人民地方裁判所

　人民地方裁判所は、訴額が3億キープ以上で、人民地区裁判所の管轄外の事件を第一審裁判所として管轄します（同法第22条1号）。

　また、人民地方裁判所は、第二審裁判所としての機能も有しており、人民地区裁判所の判決を不服として控訴された場合に当該事件を扱います（同法第22条4号）。この点は、日本における簡易裁判所から見た地方裁判所の役割と同じです。

③人民地域裁判所

　人民地域裁判所は、人民地方裁判所で下された判決を不服として控訴された場合の第二審裁判所としての役割を果たします（同法第23条1号）。

④人民最高裁判所

　人民最高裁判所は、国家の最高司法機関として位置づけられ、人民裁判所で下された判決を不服とし上告された事件につき、法律に関する問題を取り扱います（同法第24条1号）。

（2）各種事件の取扱い

　ラオスにおける事件は、その事件の性質によって5つの種類に分類され、それぞれに応じた取扱いがなされています。

①一般民事部

　一般民事部では、財産および遺産に関する紛争、同法第37条規定の商事紛争以外の私人間の法律関係に関する紛争、損害賠償請求に関する紛争、行政関係に関する紛争を取り扱います（同法第31条）。

第5節　紛争解決制度

②労働部

　労働部は、労働に関する紛争のみを扱います。同部が扱う労働事件の種類は、雇用契約に関する紛争、不当解雇を理由とする損害賠償請求に関する紛争、労働災害に関する紛争、賃金に関する紛争、その他労働関連紛争と定められていますが、いずれも労働管理委員会または経済紛争解決センターが解決されない場合に限って労働部にて取り扱われるとされています（同法第34条）。

③商事部

　商事部では、合弁契約、ビジネス上の契約に関する紛争、約束手形、為替手形、小切手などの商業上の書面に関する紛争、商事ローン契約に関する紛争、法人の破産または清算、輸出入、保険、著作権、商標権、特許権侵害等知的財産に関する紛争等が取り扱われます（同法第37条）。

　これらの商事事件の第一審は、人民地方裁判所に限定されます（同法第39条）。また、商事事件の債権者は、訴え提起前に、必ず調停を利用して、債務者に対して支払いを求める等しなければなりません（同法第40条）。

　また、商事部では、調停における合意、仲裁判断前の紛争当事者間における未執行の合意等の経済紛争解決センターにおける紛争解決結果に対する事件も取り扱っています。紛争当事者がこれを申し立てた場合、商事部は、当該紛争解決結果の手続き履践の適法性等を審査した上で、申立受理から15日以内に決定を下さなければなりません。当該決定は終局的なものであり、これに対して不服申し立てをすることはできません。また、商事部は、当該紛争解決結果につき適法と判断した場合にはその執行決定をしなければなりません（同法第42条）。

④家事部

　家事部では、離婚や財産分与、子の養育、養子縁組など、家族に関する

事件が取り扱われます（同法第44条）。

⑤少年部

少年部では、18歳未満の少年による不法行為に対する損害賠償に関する事件や児童労働に関する事件、子どもの権利侵害に関する事件等が取り扱われます（同法第51条）。

（3） 民事訴訟法

現行のラオス民事訴訟法は、2012年8月1日に施行され、これにより、ラオスの民事紛争解決システムが大きく進歩しました。

同民事訴訟法において特筆すべき事項として、法および裁判所の前では、ラオス市民、外国人および無国籍者はすべて平等であること（同法第10条）、裁判手続はラオス語で行われなければならず、ラオス語が理解できない当事者は、翻訳を通じて自国語等を用いる権利を有すること（同法第14条）、国家機密や一定の家族関係に関する事件、少年事件を除いて公開の法廷で審理が行われること、すべての事件につき判決の言渡しは公開されること（同法第15条）が挙げられます。

（4） 判決の執行

判決の執行に関する法律は、法的に有効かつ適切な、最終の裁判所の命令、決定および判決の執行について規定しています（同法第2条、1条）。

執行機関としては、主に司法省がこれを担いますが（同法第9条）、裁判所、警察および検察官がこれを補助します（同法第16条2号、3号、10号等）。執行官は、財産の所有者または債務者に通知を出した上で、財産の没収、差押えまたは移動命令を出すことができます（同法第16条4号、5号、同法第19条5号、6号）。

競売を行う前には差押財産の価値が鑑定委員会によって鑑定され、鑑定

結果は公表されなければなりません（同法第28条）。その他、間接強制の手続が設けられています（同法第33条）。

(5) 外国判決の承認・執行

　判決の執行に関する法律は、ラオス裁判所の承認を受けた外国判決は執行可能であると規定しています（同法第5条9号）。また、民事訴訟法は以下の条件を満たす判決につき、当該判決文をラオス語に翻訳した上で、これを承認する旨規定しています（同法第362条）。

① ラオス人民民主共和国がその一員である国際条約の加盟国における判決であること
② 当該判決がラオスの主権に強い影響を与えず、法規に違反しないこと
③ 外国判決がラオスの安全および公の秩序に悪影響を及ぼさないこと

　しかし、ラオスは外国判決の承認および執行に関するハーグ条約に批准していませんので、上記①の条件充足性との関係で、基本的に外国判決の執行は認められません。

　仮にこれらの条件を満たした場合であっても、民事訴訟法は更に、裁判所に対し、外国判決がラオス裁判所において承認されるべきどうかにつき判断する権限を与えております（同法第366条）。すなわち、ラオス裁判所は外国判決承認の是非について広い裁量を有することになります。

　裁判所は、外国判決の承認を求められた場合、執行を受けることになる当事者（ラオスに居住している場合）を呼び出し、外国判決に関する説明を行わなければなりません（同法第365条）。

　実務上は、上記のように、ラオス法が裁判所に対して、外国判決の承認について広い裁量を与えていることから、ラオス裁判所における再審理が

行われない限り、ラオスにおける外国判決の執行は困難であるものと考えられています。

2　調停・仲裁制度

(1)　ラオス国内における調停および仲裁手続

　ラオス国内における調停および仲裁手続は、経済紛争解決センターがそれらの手続を取り扱います。2010年に改正された経済紛争解決法は、経済紛争解決センターにて取り扱うことが可能な調停、仲裁案件の条件を以下のように定めています（同法第16条）。

① 経済または貿易に関する紛争であること
② 当事者が契約で調停または仲裁に付すことを合意している紛争であること
③ 当事者が任意に調停または仲裁による紛争解決に合意した紛争であること
④ 紛争が人民裁判所に係属していない、または未だ終局判決が言い渡されていないこと
⑤ 紛争が国家、社会保障、公の秩序及び環境の安定に関する法規の違反に関連するものでないこと

　調停による解決が不可能な場合、紛争当事者は、仲裁による解決を選択することができます（同法第21条、27条）。
　使用される言語は、他の言語にする旨の契約または合意がない限り、ラオス語によるとされています（同法第13条）。
　また、経済紛争解決センターが、紛争解決手続きの過程で得た情報や書類の機密は、当事者の許可がない限り公開されません（同法第14条）。

（2） 調停

調停とは、単独または複数の調停人のもと、紛争当事者が和解、交渉、話し合いによって行う紛争解決をいう、とされています（同法第22条）。

当事者は1名または複数（ただし、奇数に限られる）の調停人を選定できます（同法第23条）。

調停は、調停人選任後15日以内に開かれ、本人または代理人による出席が必要とされます。調停において、当事者は、様々な問題、情報や証拠に加え、紛争を解決するための方法を調停人に示すことが可能です（同法第25条）。

調停は、当事者が合意に至った場合、当事者の一方または双方が正当な理由なく欠席した場合、当事者が合意に至れない場合および当事者が死亡し承継人が存しない場合に終了します（同法第26条）。

なお、調停による解決ができなかった場合、当事者は仲裁を申し立てることも可能です（同法第27条）。

（3） 仲裁

仲裁は、当事者の合意に基づき3名以上の奇数の仲裁人により構成される仲裁委員により執り行われます（同法第30条）。

当事者は、仲裁委員に対し、紛争に関する情報および証拠を提出しなければなりません。また、仲裁委員は、当事者からの申立てまたは合意に基づき、自ら情報および証拠の調査を実施すること、必要に応じて専門家に情報および証拠の真実性の調査を依頼することができます（同法第32条）。

仲裁委員は、選任から3ヵ月以内に仲裁を終結させなければなりません。証拠収集の複雑さやその他の理由により遅延する場合には、経済紛争解決センターは当事者に対し、遅延の理由を知らせなければなりません（同法第33条）。

仲裁委員は、当事者の申立ての範囲内でのみ、仲裁判断を下すことがで

きます。仲裁委員内で判断が分かれた場合、多数決により決します。仲裁判断は、当事者またはその代理人の面前で言い渡されなければなりません。また、仲裁判断は、判断日、または、当事者の一方が正当な理由なく仲裁判断言渡期日に欠席した場合には仲裁判断の通知日に効力が発生します（同法第36条）。

仲裁判断に対し、以下の理由により不服のある当事者は、仲裁判断受領後45日以内に人民裁判所に提訴することが可能です。（同法第38条各号）。

① 仲裁合意がなく、または仲裁合意が取り消された場合
② 仲裁委員の構成が当事者の合意または法規に反している場合
③ 仲裁手続が法律または当事者が合意した経済紛争解決規則に反している場合
④ 仲裁委員に提出され、仲裁判断の基礎となった情報または証拠が偽造されたものであった場合、または仲裁委員への金員、財産の授受その他誘引により、仲裁判断の公正さが歪曲された場合
⑤ 紛争が2010年改正経済紛争解決法の適用外である場合
⑥ 仲裁判断が当事者の申立ての範囲を超え、またはこれに不足する場合

なお、当事者は、仲裁判断前に和解をすることもできます。この和解は書面により作成され、両当事者、仲裁委員および仲裁の実施された経済紛争解決センターの長が署名しなければなりません。この和解は仲裁判断と同一の効力を有します（同法第35条）。

（4） 調停合意・仲裁判断前の和解・仲裁判断の履行・執行

当事者は、調停における合意、仲裁判断前の和解、仲裁判断の結果につき、それぞれ、合意の日または仲裁判断の日（一方当事者が仲裁判断の言渡期日に欠席した場合には、仲裁判断の通知日）から15日以内にこれを履

行しなければなりません（同法第48条、49条）。

　調停における合意、仲裁判断前の和解、または仲裁判断の結果が履行されない場合、これにより不利益を被る当事者は、人民裁判所に対し、強制執行命令の申立てを行うことができます（同法第50条）。人民裁判所は、申立ての受理から15日以内に判断をしなければならず、調停における合意、仲裁判断前の和解、または仲裁判断が法規等に従ってなされたかを確認の上、適切に実施されていたと判断した場合には、強制執行命令を下します。当該命令は即日発効し、これに対する上訴はできません（同法第51条）。他方で、法規違反があったと判断された場合、人民裁判所はこれを認証しません。また、当事者は、経済紛争解決センターに対し再仲裁の申立てをするか、人民裁判所に対し提訴することができます（同法第51条）。

（5）　外国仲裁判断の承認・執行

　ラオスはニューヨーク条約に批准しており、外国仲裁判断は、下記条件を満たす場合に人民裁判所において承認を受け、執行することが可能です（同法第52条）。

① 　当事者がニューヨーク条約加盟国に国籍を有すること
② 　外国仲裁判断の内容がラオス憲法ならびに安定、平和および環境に関する規則に反しないこと
③ 　支払義務を負う当事者がラオス国内において財産を有している、事業を行っている、株式を保有している、銀行預金を有している、またはその他財産を保有していること

　ただし、現地法律家によれば、現時点に至るまで、ラオス国内で外国仲裁判断が明確に承認・執行された事案は確認されていないとのことです。そのため、実務の運用には注意が必要です。

補章

ラオスの進出事例

補章　ラオスの進出事例

事例 1 ｜ ラオ西松建設

 会社概要（LAO NISHIMATSU CONSTRUCTION CO., LTD）

会社名：Lao Nishimatsu Construction Co., Ltd.
本社住所：Laos Savannakhet Office
　　　　　1st Floor Savan-SENO Special Economic Zone Authority's Office No. 9 Phetsalad Road, Nakea Village, Kaisone Phomvihanh District, Savannakhet Province, Lao PDR, P.O. Box 200
代表者：市　正寿
設立日：2015年3月
資本金：100,000米ドル

 インタビュー

タイ西松建設　市様、塩坂様へインタビュー（2016年8月9日）

① なぜラオスを検討したのでしょうか？

　西松建設はタイ国において53年の歴史があります。弊社の事業方針として、日本人とタイ人がこれまでの蓄積してきた建設・建築に関する経験と技術力を周辺国でも活かすことが求められていました。日本人エンジニアのみならず、タイ人エンジニアにも高い技術力が蓄積されています。そこで、タイを拠点として、いわゆるタイプラスワン周辺国の市場調査および実現可能性調査を開始しました。タイプラスワンの動きの活発化もあり、

カンボジア、ラオス、ミャンマーの市場を調査したのがきっかけです。

2014年末ごろに、日本の銀行主催のセミナーをきっかけとして、現在のパートナーを紹介してもらいました。すぐに、西松建設本社役員がラオスを下見して、2015年の3月にサワン・セノ経済特区内に合弁会社を設立しました。

② カンボジアやミャンマーでなく、なぜラオスなのでしょうか？

ラオスに注目した理由は3つあります。1つ目は、タイで培ったタイ人を主体とした技術力をもって日本の製品として高品質なものを提供できる市場を探していたことが前提にあります。マーケットの大きさは関係なく、日本とタイの建設・建築技術をもって、きちんとしたもの、日本水準で価値のある建造物の建設が可能な場所を探していました。ラオスは、マーケットの規模は周辺国と比較しても小さいですが、その未成熟なマーケットや環境のほうが様々な可能性を秘めていると感じました。

2つ目として、タイ－ラオスの類似性があげられます。ここはカンボジア、ミャンマーと大きく異なるところで、ラオスとタイは言語的にも民族的にも似ている部分が多くあり、タイ人マネージャーやエンジニアが直接ラオス人の指導にあたることができます。タイ人にとっても、カンボジア人やミャンマー人よりも、ラオス人は、良くいえば、おとなしい、別のいい方をすると、管理の容易さからラオス人と仕事をすることを好んでいるように思います。

3つ目はラオス人パートナーの存在です。大きな夢があり、進む方向性が似ているビジネスパートナーとの出会いはラオス進出をスピードアップさせました。パートナーは非常に日本語が堪能で、言葉の壁がない分、コミュニケーションも非常に容易です。また、日本の感覚も理解頂けるので、非常に信用できると感じています。仮にラオス語しか話せないパートナーや日本の感覚が理解できないパートナーであれば、ここまでラオスでの事

業は進んでいないと思いますし、もっと苦労もあったように思います。一方で、パートナーとは、時間の感覚やコンプライアンスに対する考え方の相違を感じることもありますが、このあたりは事業活動を通じて相互理解を深めて頂ければいいと思っています。

③ なぜ、ヴィエンチャンのような経済的に発展している地域ではなく、サワンナケートに進出したのですか？

　パートナーがサワンナケートを拠点に構えていたからです。また、サワンナケートの経済特区には、タイからニコン様やトヨタ紡織様がすでに進出しており、タイプラスワンの製造拠点としてのポテンシャルが存在しているからです。また、経済特区に拠点を構えることで、新規に進出してくる日系企業の動きや情報がすぐに入ってくるメリットもあります。

④ 経済特区の恩典に関してはいかがですか？

　現地ラオス人や外国人に対する所得税の免税措置等タイに比べてかなり手厚いインセンティブがあります。インフラに関しては、水、電気は問題なく、事務所の電気代金も低廉です。しかしながら、インターネット等の通信関連は問題が多いのも事実です。また、通関に関しては、建設の足場材はタイから輸入していますが、書類さえ完璧に揃えれば問題なく、スムーズに輸入できます。新興国では、汚職や賄賂要求のイメージもあるかと思いますが、不透明な金銭を要求されたことは、今のところありません。

⑤ 会社の体制を教えてください。

　日本人アドバイザー、タイ人プロジェクトマネージャー等6名、ラオス人エンジニア5名、ラオス人事務スタッフ2名です。株主構成は、タイ西松建設49％、現地パートナー51％となっており、徐々に人員が拡大しています。

⑥　スタッフの採用、教育についてお聞かせください。

　スタッフを採用するときは、フェイスブック等のSNSで募集をしたり、パートナーからの紹介、またその採用したスタッフからの紹介等で、採用することが多いです。日本語を話せるラオス人を雇用するときは、元日本留学生のネットワークを通じて紹介してもらうこともあります。

　教育については、基本的にOJTで教育を進めております。日本および他の海外拠点からの日本人職員による安全品質パトロールを継続的に実施しています。また、ラオスで仕事がない場合は、タイにラオス人エンジニアを派遣し、タイの現場で品質管理も含めて指導にあたっています。

　建設現場（分野）では、日本語を話せるラオス人エンジニアがまだまだ少ないため、ラオス人で日本語ができるエンジニアの給与がタイ人エンジニアより高額になることもあるため、手当を厚くする等でタイ人エンジニアから不満が出ないように対応しています。英語が話せるラオス人エンジニアの給与はタイ人の3分の2程度となっています。

⑦　ラオス人スタッフの定着率はどうでしょうか？

　エンジニアは今まで辞めた人はいません。事務系職員は、公務員へ転身したり、他の組織へ移ったりする人もいるのも事実です。

⑧　今後の戦略を教えてください。

　これは個人的な意見ですが、西松建設が50年前にタイへ進出したことは、当時としては、革新的なことであったと思っています。50年後を見据えて、タイ西松建設が礎を築いてきた結果が現在の発展につながっています。ラオ西松建設も50年先を見据えて、ラオスでも、こんなに良い品質のものができるのだということを浸透させていくことで、ラオス国内でのマーケットを広げていきたいと思っています。将来的には、より高度で専門的なプロジェクトをこなせるように人材育成に力を入れていきたいと思ってい

す。また、西松建設は日系中小企業を対象としたパクセー・ジャパン中小企業専用経済特区の開発運営会社に参画しています。地元の雇用機会創出と産業の発展に寄与していきたいと考えています。

事例 2 | Nissei Mizuki Co.,Ltd

 会社概要（KP Nissei – Mizuki（Lao）Co., Ltd）

会社名：KP Nissei – Mizuki（Lao）Co., Ltd
本社住所：Ban Udomvilay, Kaysone Phomvihane District,
　　　　　Savannakhet Province. Lao P.D.R.
代表者：Khemsath Philaphandeth
設立日：2009年2月
資本金：500,000米ドル

 インタビュー

Nissei Mizuki President Khemsath Philaphandeth 様へインタビュー（2016年9月6日）

① なぜラオスに進出したのでしょうか？

　1991年にタイでビデオプレイヤー等の部品組立工場として、Nissei Mizuki Co., Ltdを創業しました。事業の拡大に伴い、バイクのランプ等交換部品の製造、カメラの部品（マイクロモーター）、ワイヤーハーネス、電子部品等に組立を行うようになりました。私自身ラオス人ということもありラオスを通じた貿易を行いたいという私の個人的な想いとタイにある日系企業のラオス進出、いわゆる、タイプラスワンの動きが結びついて、2009年ラオス、サワンナケートに電子部品や自動車の部品の組立専門工場としてKP Nissei Mizuki Co., Ltdを設立しました。タイとラオスは言語が

非常に近いため、タイ人がラオス人を指導することが可能です。

2011年タイの洪水、東北地方大地震の影響を受け、タイにある日系企業の工場は、ラオスへ工場を移す企業が増加し、2013年の大手カメラメーカーの進出もその1つで、工場をサワン・セノ経済特区に移転したことにより、弊社はその下請け業者としてデジタルカメラの部品を製造しています。

② なぜ、サワン・セノ経済特区ができる前にラオスの中でもサワンナケートへ進出したのでしょうか？

ラオスの中でもサワンナケートは東西回路の要所となっているため、将来的に、経済的なポテンシャルを感じたからです。また、サワンナケートはラオスで最も人口が多く、労働者が比較的集まりやすく、雇用の面でもメリットを感じています。

一方で、サワンナケートは立地的に賃金が高いタイへ出稼ぎに行く人たちも多いのが事実です。タイへ行かなくても、経済特区の外でも、親の近くで仕事ができることを強調して、福利厚生を手厚くすることで、雇用は常に500人から最大1,000人をキープしています。9年前の退職率は20％でしたが、現在は9％まで下がりました。その要因としては、弊社は人材育成にも力を入れており、仕事自体は3-4ヵ月で慣れるため、仕事を習慣化させるように従業員の意識を変えていくことが大切だと考えています。逆に退職の理由としては、立ち仕事がきつい、座って細かい仕事が多いため目が疲れる等が主な理由となっています。

③ サワンナケートとパクセーの違いは何ですか？

パクセーはサワンナケートほどタイへのアクセスが容易ではない（時間がかかる）ため、パクセー市内の産業がある程度発展しています。また、農業に適した気候と土地であるため、農作物の加工工場がさらに進出することを期待しています。

一方、サワンナケートは、食料品、衣料品等、ラオスで入手が難しいものはタイへ行けば手にいれることが可能で、タイへのアクセスがしやすく、同市内の商店はあまり活性化していません。

④　今後の展開と戦略を教えてください。

2013年に日本とラオスの合弁会社 KP Beau Lao Co., Ltd を設立し、サワン・セノ経済特区内に玩具製造のための工場をオープンさせました。3社の合弁会社でBureau Co., Ltdが65％、KP Co., Ltd が30％、残り5％をKP-Nissei Mizuki（Lao）Co., Ltd が保有しています。同工場は東南アジア諸国への輸出品のみを製造し、メイドインラオス（ラオスブランド）を促進し、同地域の雇用創出にも貢献していきたいと思っています。

弊社の今後の展開としては、日系企業が現地に視察や投資の際の受け皿的なサービス（送迎等）を行いたいと考えています。海外から進出してくる企業に対して、人材派遣、寮、倉庫等のサービスも検討しています。

⑤　最後にラオスの魅力は何ですか？

ラオスは人口650万人と小国ではありますが、逆にそれがメリットになると考えています。内陸国で港がありませんが、東西回路、南北回路の中継地であるため、物流費が抑えられれば、隣国の港へは容易にアクセスできます。国内においては、外国からの経済的な援助を受けながら開発を進める一方で、豊富にある電力の売電、新車市場の拡大、農業国家といった要因もあり、小国ではあるけれども、発展の要素がコンパクトにまとまっていると感じています。

【編著者紹介】

藪本　雄登（やぶもと　ゆうと）〔第１章〜第７章、補章〕

　ラオス国内において複数年の法律実務経験を有する。ラオス法弁護士と協働の上、ラオス法務に関する知識と実務経験をもとに、ラオスへの進出戦略の策定、進出時のリーガルフォロー、紛争発生時の対応のサポート等を執り行う。One Asia Lawyers ラオス事務所所属。2015年度ヴィエンチャン日本人商工会議所 理事・事務局長を歴任。

　中央大学法学部卒

［主な著書］

『カンボジア進出、展開、撤退の実務』（同文舘出版）

『ラオス投資ガイド　2016年』（JETRO ヴィエンチャン事務所より受託）

『ラオス改正VAT法　日本語訳』（JETRO ヴィエンチャン事務所より受託）

『ラオス改正労働法　日本語訳』（ヴィエンチャン日本人商工会より受託）など

Viengsavanh Phanthaly〔第１章〜第７章 監修〕

　投資法、会社法、労働、契約法、不動産、紛争解決などラオス法務の第一人者。ラオスにおける水力発電プロジェクト、経済特区開発プロジェクト等、ラオス投資に関する数多くの主要案件の担当実績を有する。

　弁護士（ラオス法）

　ハノイ大学国際経済法学部卒、名古屋大学法科大学院卒、アメリカン大学法学研究科フェローシッププログラム卒

【著者紹介】

内野　里美（うちの　さとみ）〔第1章〜第7章、補章〕
　ラオス国内で10年以上の実務経験を有する。ネイティブレベルのラオス語を駆使し、各種法律調査や進出日系企業に対して各種法的なサポートを行う。
　東京外国語大学ラオス語学科卒
[主な著書]
『ラオス投資ガイド　2016年』（JETROヴィエンチャン事務所より受託）

村上　暢昭（むらかみ　のぶあき）〔第2章（進出法務）、第6章1節（不動産法務）〕
　One Asia Lawyersのカンボジア事務所を拠点に、メコン地域におけるコーポレート、進出法務、契約法務、不動産法務を主に担当。
　弁護士（日本法）
　東京大学法学部卒、神戸大学法科大学院卒

伊奈　知芳（いな　ともよし）〔第2章（進出法務）、第3章（会社法・コーポレート・ガバナンス）、第4章（労働法務）〕
　約6年間の中国・上海駐在を経て、現在はシンガポールを拠点としてアセアン各国へ進出する日系企業に対する各種法的サポートを提供。
　弁護士（日本法）
　京都大学法学部卒、シンガポール国立大学LL.M.卒

松本　久美（まつもと　くみ）〔第4章（労働法務）、第6章2節（知的財産法務）、第6章5節（紛争解決制度）〕
　One Asia Lawyersのタイ事務所を拠点として、メコン地域のコーポレート、労務、知的財産権、紛争解決関連業務を主に担当。
　弁護士（日本法）、タイ仲裁センター調停員
　慶應義塾大学法学部卒、慶應義塾大学法科大学院卒

佐野　和樹（さの　かずき）〔第4章（労働法務）、第5章（税務）〕
　One Asia Lawyersのマレーシア事務所を拠点として、アセアン地域のコーポレート、M&A関連業務等を主に担当。
　弁護士（日本法）
　神戸大学法学部卒、甲南大学法科大学院卒

栗田　哲郎（くりた　てつお）〔第6章5節（紛争解決制度）〕
　One Asia Lawyersのシンガポール事務所を中心にM&Aおよび国際商事仲裁等のアジア法務全般を専門とする。
　弁護士（シンガポール法、日本法、ニューヨーク州法弁護士）
　東京大学法学部卒、アメリカバージニア大学LLM卒
[主な著書]
『アジア国際仲裁の実務』（Lexis Nexis）
『アジア労働法の実務Q&A』（商事法務）など

【編者紹介】
弁護士法人One Asia（One Asia Lawyers）

　弁護士法人One Asia（One Asia Lawyers）は、ASEAN各国の法律に関するアドバイスを、シームレスに、ワン・ストップで提供するために設立された日本で最初のASEAN法務特化型の法律事務所です。One Asia Lawyersのメンバーは、ASEAN各国での業務経験を積み、ASEAN各国の法律実務に精通した専門家で構成されています。ASEAN各国にオフィス・メンバーファームを構えることにより、日本を含めた各オフィスからASEAN各国の法律を一括して提供できる体制を整えることに注力しております。

One Asia Lawyers ラオス事務所

　One Asia Lawyersラオス事務所には、日本人専門家が常駐しており、ラオスに特化した進出法務、M&A、コーポレート・ガバナンス、労務、税務、知的財産、不動産、訴訟・仲裁対応などについて、現地法弁護士と連携の上、現地に根付いた最適な法務サービスを提供しています。

免責規定

　本書は一般的な参考情報の提供のみを目的に作成されており、法務、会計、税務およびその他専門的なアドバイスを行うものではありません。One Asia Lawyersおよびその他のメンバファームは、皆様が本書を利用したことにより被ったいかなる損害についても、一切の責任を負いません。具体的なアドバイスが必要な場合、info@oneasia.legalまで御連絡下さい。

	《検印省略》
平成29年5月10日　初版発行	略称：ラオス実務

ラオス進出・展開・撤退の実務
―投資・労働法務、会計税務―

編著者 ⓒ 藪　本　雄　登

編　者　　弁護士法人 One Asia

発行者　　中　島　治　久

発行所　　同文舘出版株式会社

東京都千代田区神田神保町1-41　　　　〒101-0051
電話　営業(03)3294-1801　　　　　　編集(03)3294-1803
振替 00100-8-42935　　　　　　　　　http://www.dobunkan.co.jp

Printed in Japan 2017　　　　　　　　製版：一企画
　　　　　　　　　　　　　　　　　　印刷・製本：三美印刷

ISBN 978-4-495-20541-6

JCOPY 〈出版者著作権管理機構 委託出版物〉
本書の無断複製は著作権法上での例外を除き禁じられています。複製される場合は、そのつど事前に、出版者著作権管理機構（電話 03-3513-6969、FAX 03-3513-6979、e-mail: info@jcopy.or.jp）の許諾を得てください。

本書とともに

夏山　宗平・芝　清隆・藪本　雄登　著
A5判　256頁
定価（本体2,800円＋税）

同文舘出版株式会社